U0133919

岩波新書精选 12

汉文与东亚世界

[韩] 金文京 著

上海三联书店

新经典文化股份有限公司
www.readinglife.com
出　品

致中国读者

隋唐时代以来，日本在约一千多年的时间里一直努力学习中国的学术、艺术、技术和文化。日本今日之发展，即仰仗中国伟大先哲长期以来的言传身教——这样说并不为过。中国，有学恩于日本。如今，借由新经典文化的翻译和出版，岩波新书来到中国读者面前，我想，这也算是对中国学恩的一点点谢意吧。

岩波新书与中国结缘已久。岩波新书创刊于 1938 年。前一年，日本加剧对中国的侵略，岩波书店创始人岩波茂雄对独断专行、破坏中日友好的军部感到强烈不满，遂决心创刊岩波新书。要想抵抗日益猖獗的军国主义思潮，首先必须要做的，就是实事求是地了解中国。岩波茂雄秉持着这种信念，最终选择了《奉天三十年》作为创刊的首部作品。

《奉天三十年》是 19 世纪末至 20 世纪初，在当时的沈阳努力推行医疗普及的爱尔兰教会医师克里斯蒂的回忆录。这本著作除了向读者展示了当时满洲发生的事情和民众的生活外，还是一本即便以今天的标准来看也颇有学术价值的著作。作为东亚的朋友，对中国人民怀有深切感情的岩波茂雄深受克里斯蒂的触动，将其回忆录翻译出版，以此开始了岩波新书的历史。

承先行者之志，岩波新书此后又出版了许多以中国历史、社会、文化、艺术为题的书籍。自创刊以来及至今日，由岩波新书发行的、以中国为主题的书籍已达 140 余册。我们对于中国的关注和热情从未衰减，对于岩波新书而言，"中国"已成为身边不可忽视的存在。

那么何谓"新书"呢？或许有必要向中国读者再次进行说明，因为新书是诞生于日本的独特出版物。

新书最大的特点是它"小而紧凑"。在字数上，新书大约在十万日文字左右。标题简练，通俗易懂。若是部头过大，则十分难读；若部头过小，则不能尽兴。而取其中庸的新书正符合日本人喜爱轻快节奏的心性。日本人就是喜欢新书这类书籍的人。

据说，目前日本已经出版了一百多种可称为"新书"的书籍。除岩波新书外，中公新书、讲谈社现代新书、筑摩新书、集英社新书、光文社新书等，以出版社冠名的新书种类数不胜数。各大出版社相互竞争，每月合计发售数十本新书。诸位读者日后来日本旅游时，也可顺路看看日本的书店。日本的书店会有一个"新书区域"，在这个区域，你会看到如同百花齐放般热闹的景象。

在百花齐放的新书领域，岩波新书是第一个在日本发行新书的老字号。创刊八十年以来，我们时时刻刻在满足着日本读者的求知欲和好奇心。岩波新书的一大特色就是其内容的可信度高。

我们在各个领域拥有最权威的学者、编辑和作家，产出了许多可称为名著的作品。在岩波新书出版著作是一件很有荣誉的事，这已经是日本各界达成的共识。

岩波新书擅长的领域是学术和纪实。畅游在学术世界里的学者为将思考和研究成果凝聚成一本小小册子而倾注心血，执笔著述。行走在"真实"世界中的新闻工作者则冷眼审视时代变迁和社会动向，以锋利的笔触向世人传递信息。无论在哪一领域，以满腔热血活跃在第一线，这就是岩波新书。

日本有一个词叫"修养新书"，这也可以说是岩波新书的代名词。读者可以在书中养性修身，进而构筑一个美好社会和世界，这便是岩波新书的目标。不止步于获取知识，而是将获取的知识与自我的生活、生命相连接，所谓"修养"就在于此。将更多的"修养新书"带到这个世界，这就是我们岩波新书的使命和理想。

此次经新经典文化发行的岩波新书，是我们从出版的3200本书中严格挑选出来的。无论哪一本，都是了解日本历史、文化、社会的绝佳书籍，对此我们深信不疑。

最后，我想向中国读者，以及从中牵线搭桥的新经典文化主编杨晓燕女士和各位翻译、校阅的老师致以深深的谢意。已经捧得本书的读者，希望这本书能够成为你美好的人生伴侣。

岩波新书主编　永沼浩一
2018 年 8 月

中文版自序

古代中国人对朝鲜半岛、日本列岛的知识，也许好比现在的美国人对东亚的了解。据说，美国好多人都分不出中国、朝鲜、韩国、日本的差别，对地理位置的印象模糊不清，甚至有人误会朝鲜、韩国、日本都讲中文。唐代诗人钱起有《送陆珽侍御使新罗》诗、也有《重送陆侍御使日本》诗（均见《全唐诗》卷二百三十七），新罗是古代朝鲜国名，是三韩的后身。而《使日本》诗开头却说："万里三韩国，行人满目愁。"可见钱起对日本和三韩的差别好像不甚了了。还有唐代诗僧无可的一首诗，题为《送朴山人归日本》（《全唐诗》卷八百一十三），姓朴的一般都是新罗人，可见无可可能也混淆了新罗和日本。无可是中唐诗人贾岛的从弟，贾岛有《送褚山人归日本》诗（《全唐诗》卷五百七十三），看来这个褚山人也不一定是日本人。

现在的中国人当然不同于古人，对这些近邻国家的情况，基本上有正确的认知，但未必对这些国家的历史、文化有较深的了解。而韩国、日本的大学生，无论是什么专业，能够背诵秦汉到明清中国历代王朝之名，或者对蜀魏吴三国的人物、故事如数家珍的，大有人在。反之，例如日本的南北朝在什么年代？是怎么个情况？朝鲜半岛的三国时代是哪三个国？中国的大学生能够正确回答的，恐怕不多。总之，中国人对近邻国家的知识远不如近邻国家的人对中国的了解。

这也是当然的。过去很长时间，中国是东亚唯一的文化光源。中国近邻的国家都受到中国文化的极大影响，而近邻国家的文化对中国几乎没有什么影响。过去东亚的文化流向是一边倒的，中国人不关心近邻国家的文化、历史是无可厚非的。可是，现在就不同了。交通工具的发达拉近了彼此的距离，人际交流比以前远为频繁。且大家已有共识，应该以平等互惠为原则，促进友好关系。而东亚各国对于对方的文化、历史的了解，彼此之间却有偏差，不得不说是一大缺憾。为了进一步发展彼此之间的平等互惠关系，最好要化解这种互相认知所存在的偏差。

中国人对近邻国家文化的最大误会，大概是汉字的问题。大家都知道汉字是中国的文字，也曾是东亚共同的文字。中国人认为近邻国家既然使用汉字，就应该属于中国文化圈，虽然不是"同种"，"同文"应该没有问题。其实不然，近邻国家虽然使用过汉字，但具体情况跟中国大不相同。第一，汉字的发音不同，这还可比拟于中国方言之间的不同音。更重要的是文章的读法不同，其中具有代表性的就是日本的汉文训读。训读是用日语来直接阅读汉文的独特方式，而这种独特的读法也曾流行于朝鲜，类似的现象在东亚各地不乏其例。再者，这些国家的人用汉字写的文章，跟中文有很大的差异，甚至有全部用汉字写，中国人却完全看不懂的文章。因此，所谓"同文"充其量是同文字，不能说是同文化。对这一点，中国人的理解显然不够。

而围绕汉字的不同文化的背后，其实隐含着各自不同的语言观、国家观乃至世界观。东亚不像欧美、中亚等别的文化圈，没有统一的世界观。例如近代以前的中国和近邻国家的外交关系，在中国来看，只有朝贡、册封一途。也就是说，外国向中国皇帝朝贡，中国皇帝就把当地的元首封为国王。可是从近邻国家来看，并不是那么一回事，情况很复杂。越南向中国朝贡，被封为国王，回过头向国内却自称皇帝，称中国为北朝，自居南朝，是南北朝平等关系。日本则一直不承认朝贡，唯一的例外是室町时代的幕府将军曾几次向明朝皇帝朝贡，被封为日本国王。岂知幕府将军之上还有天皇，天皇才是日本的元首，当时的中国人对此不甚了解。按照这个逻辑，中国皇帝和日本天皇也是平等关系。朝鲜因地邻中国，在 19 世纪末大韩帝国成立以前，始终不敢称帝，却在国内自视为"小中华"，反而把中国看成是夷狄。东亚各国的外交就是如此尔虞我诈，诡谲叵测。总之，通过使用汉字、汉文的不同情况，来探讨东亚各国不同的国家观和世界观，就是本书的核心主题。

这本书是 2010 年我在日本岩波书店出版的《漢文と東アジア——訓読の文化圏》的翻译。日文版的很多内容，都以日本读者人人皆知的事实作为前提进行叙述，而中国读者多半不知道这些日本读者熟悉的事实，需要说明。因此，我做翻译时，就做了大量的补充，也改写了好多地方，说是翻译，其实等于新书。我以前用中文写过多篇学术论文，却没有写过以一般读者为对象的通俗性的书，因此难免出现不顺畅或晦涩之处，希望读者原谅。

此书一开头，我就提到近年来到日本旅游的中国游客人数突增。可是写此序的此刻，由于新冠肺炎蔓延，两国国境闭锁，已是来往无路。往年此时，京都的闹市区曾满街都是中国游客，令人不禁自问："莫不是身在北京，抑或上海？"而今一个中国人都看不到了。不过，疫情迟早会平息，生活终会恢复正常。我劝各位，趁此闭关的机会，不妨看看这本小书，将来无论是初游东瀛还是重访旧地，相信会有与以前不同的观感，或是新的发现。

本书英文版由加拿大不列颠哥伦比亚大学罗斯·金（Ross King）教授翻译，已于 2021 年出版（*Literary Sinitic and East Asia: A Cultural Sphere of Vernacular Reading*，Brill Academic Publishers）。罗斯·金教授在篇幅很长的序文中，说明了"汉文"的译词没有用"Classical Chinese"或"Chinese Literary"而用"Literary Sinitic"的理由，同时指出中世纪欧洲、古代中亚也有类似训读的现象，并对古代中亚的情况以及相关研究做了详细的论述。我所知有限，无法在此介绍其内容，关心的读者可直接看英文版。

最后，新经典文化的刘早女士给我纠正了书中引文的很多错误，也提供给我不少宝贵意见，谨此表示由衷的感谢。

2022 年 3 月

金文京于日本京都

目录

第一章　汉字、汉文在东亚

一、在日本车站买车票

这十几年来，因中日之间交通大开，去日本旅游的中国人越来越多。日本用汉字，街上招牌几乎都用汉字写，对中国人来说很是方便。可是，有时因彼此字体不同，或由于日语特殊用法，同样是汉字，中国人看了百思不得其解，也时而导致误会。

例如，在车站乘火车或地铁要买车票，现在一般都用购票机，日语叫"券壳機"（kenbaiki）："券"是乘车券，就是车票；"壳"是"卖"的日本简体；"機"（机）不用简体——合起来是"贩卖乘车券的机器"。可是既然是卖券的机器，为什么不叫"壳券機"，而叫"券壳機"呢？原来，日语的语序跟汉语相反，汉语是动词在前，宾语在后；日语则是宾语在前，动词在后。"券壳機"就是日语语序的词汇。

接着，你为了买票投币给"券壳機"，里面会有女声提示：

"只今発券中です"（tadaima hakkenchu desu）。"只今"就是"现在"；"発券中"是"正在发行乘车券"之意；"です"是日语语缀，没有对应的汉字。不对吧，"卖乘车券的机器"既然叫"券壳機"，那么"发行乘车券"应该说"券発"才对，怎么出尔反尔却叫"発券"呢？各位有所不知，日语中的有些汉字词汇采用日语语序，可是绝大部分还是按照汉语语序的，"发券"就是汉语语序。换句话说，日语的语法有两种，一种是本国的，另一种是汉语的。这是日本有史以来长期接受中国文化熏陶的必然结果。当然，日语语序的词汇也为数不少，如"读书"，日语也叫"読書"（dokusho），另有一种说法"書見"（shoken），是日语的语序。

买好了车票要进站，需要通过检票口，日语叫"改札口"（kaisatsuguchi，图1）。最近因中韩旅客多，除英文外，兼设中文"检票口"和韩语"개찰구"（gaechalgu）的标识。这"改札口"一词，对中国人来说应该是很费解的。"札"是古代木板做的通行证，转而用于指代现代的车票。那么"改"字怎么说？难道在检票口要改换车票吗？"改"字日语的训读（详后）读为"aratameru"，除改换之外，还有检查的意思。所以，"改札口"就是"检查车票的口"，跟中文的"检票口"相同。问题是中文汉

图1 日本车站"改札口"

字的"改"没有"检"义，"检"是日本人增加的意思，与中文汉字本义无关。因此，中国人看了半天也看不懂，不明其所以。

至于韩语的"개찰구"，其实是"改札口"三个字的韩国读法，也就是所谓的朝鲜汉字音。朝鲜半岛接受中国汉字远比日本要早，也有其独特之处。可是"改"字在韩语也没有"检"义，那么，为什么还用"改札口"这个词呢？韩国曾是日本的殖民地，日本人将西方诸多概念用汉字翻译成新词，他们也只好照搬同用。只是韩国使用汉字比日本有一日之长，不肯直接用日本汉字音，而用他们自己的读音而已。现在韩国已不大用汉字（朝鲜已经全废），所以用韩文写成"개찰구"，其中真正的含义，他们也只知其然而不知其所以然。其实中国也和韩国一样，在近代以后接受了不少日本人翻译的汉字新词，只不过没有采用"改札口"之类的怪词罢了。在东亚世界，单是买票进站之间，就已经有这么复杂的问题，而要了解近两千年彼此交流的真相，又谈何容易呢？

另一个属于汉字文化圈的国家是越南。越南语的动词在宾语前面，跟中文一样；可是形容词、状语却在名词后面，跟中文相反。"越南"翻成中文是"南越"之义。越南语的"博物馆"叫viện bảo tàng，用汉字写是"院宝藏"，用的是越南语的语序，如直译成中文应是"宝藏院"。可是，越南语的"图书馆"叫thư viện（图2），汉字是"书院"，用的是中文的语序，如用越南语的语序应该叫"院书"。由此可见，越南语也和日语一样，有两种语法，一种是本国语法，一种是汉语语法。那么越南语为什么不

图2　越南 thư viện（书院），即图书馆

用"博物馆""图书馆"这些词？原来"博物馆""图书馆"都是近代以后日本人翻译英文 museum、library 而来的汉字词汇，中国和朝鲜、韩国都接受日语的词汇，日语是"博物館"（hakubutsukan）、"図書館"（toshokan）；韩语是"博物館"（bakmulguan）、"圖書館"（toseoguan）。可是，越南离日本较远，交流较少，因此，他们没有接受日语词汇，另起炉灶就叫"院宝藏""书院"，其实都来源于汉字文化圈所共用的传统词汇："宝藏"是佛教的词汇；"书院"是近代以前的私立学校兼图书馆。可见，目前汉字文化圈各国所用的汉字词汇各有来源，参差不一，其内涵是非常复杂的。

二、东亚汉字文化圈的特征

东亚文化圈之所以被称为"汉字文化圈"，首倡者乃日本学者河野六郎①，河野先生于 1963 年提出这一称呼，之后在日本广

①龟井孝，大藤時彦，山田俊雄.日本語の歴史 第2卷：文字とのめぐりあい[M].東京：平凡社，1963.

中村完.漢字文化圏の展開[M]// 佐藤喜代治.漢字講座 第1卷：漢字とは.東京：明治書院，1988.

为普及，最近在中国也逐渐被接受。汉字文化圈所包含的国家和地区有中国、朝鲜半岛（韩国、朝鲜）、日本和越南。另外，契丹人（辽朝）、女真人（金朝）、党项人（西夏）、回鹘人等也用过汉字。至于蒙古以及越南以外的东南亚各国，虽然历史上与中国本土有密切关系，也曾接触过汉字，可使用汉字的范围极其有限，并没有被包括在汉字文化圈里面。当初河野先生何以把这些地域叫成"汉字文化圈"已不得其详。总之，此一称呼所隐含的问题颇多。

现在很多人都说，21世纪是全球化的时代。我们几乎没有一天不听到"全球化"（globalization）这个词。说到全球化，又谈何容易呢？我们现在的世界，各地民族之间、宗教之间、体制之间，仍然纷争不休。看来，到目前为止，全球化还是个遥远的目标，路程困难重重。相对而言，现在比较可行的路是地域统合，就是地理接近，历史上共享同样的文化、宗教，以至互有共识的国家形成一个共同体。其中具有代表性的无疑是欧盟。欧盟虽然目前同样也面临艰难、前途难卜，可仍不失为当今人类最有意义、最具挑战性的尝试，筚路蓝缕，拭目可待。

在东亚地区，近年来很多人提倡学习欧盟，要成立东亚共同体，相关议论颇为热烈。可是，看最近中日韩朝四国之间的政治矛盾，要形成东亚共同体前途惟艰，恐怕一时无法实现。

东亚文化圈可与西方基督教文化圈、中亚伊斯兰教文化圈鼎峙于世界，它拥有悠久的历史，自古至今，域内各国之间保持密切交流，却何以出现当今的严重矛盾？有人说是二战结束后的冷战体制作祟；也有人说近代以后日本对韩中两国的帝国主义侵略以及殖民地政策是原因；甚至有人认为近代以前各国关系是友好的，将日本的遣唐使、朝鲜的通信使分别视为中日、朝日友好交流的象征。依笔者所见，这些看法难免以偏概全，有商榷余地。东亚文化圈自从其伊始，就隐含着矛盾。因此，我们现在似有必要重新探讨东亚文化圈的特征。

基督教文化圈和伊斯兰教文化圈，虽然宗派之间的歧见严重，却总可以一种宗教来代表地域文化及精神生活。反观东亚，却不存在代表性的宗教。曾经有人提倡过儒家文化圈、佛教文化圈，可是都不恰当，没能得到广泛认同。因为在此地域除了儒家、佛教之外，还有道教、日本的神道等诸多宗教，互相抗衡、共存以至融合，任何一种宗教都配不上代表整个东亚文化圈。

于焉乃有汉字文化圈之说。汉字虽然是中国的文字，长期以来，近邻的朝鲜半岛、日本、越南都使用汉字，以至汉字的典籍及其所代表的文化，不管是儒家还是佛教，早已成为地域的共识，汉文也一直是地域的共同语言。这就是汉字文化圈的论据。虽然如此，汉字文化圈这个称呼里面却存在着以下几个问题：

第一，中国以外的朝鲜半岛、日本、越南都从各自不同的时代以后，兼用韩文、假名、字喃等固有文字；中国的辽、金、西夏等也曾创制固有文字，即契丹字、女真字、西夏字，并不是专用汉字。因此不能说汉字是东亚唯一的文字。

第二，现在越南和朝鲜都废汉字不用。韩国则有韩文专用派和汉字混用派一直争论不休，而一般社会上已经很少用汉字了。所以，目前使用汉字的国家只有中国和日本而已。汉字文化圈显然已不能称为文化圈，形同无有，或只有一半。

第三，虽然日本使用汉字，但他们不一定认同汉字是中国文字。汉字的来源是中国，但日本使用汉字已经一千多年，现在已成为中日共用的文字了。因此，日本人说汉字文化圈，并不等于承认中国的文化宗主权。而中国人说汉字文化圈，理所当然地认为汉字是中国的文字，近邻国家借用它，等于是受到中国文化的莫大影响。围绕汉字文化圈的诠释，中日之间存在着极大的分歧。至于朝鲜半岛和越南的人，很可能否定自己属于汉字文化圈。因为一旦承认"同文"，接下来就是"同轨"，对于朝鲜半岛和越南来说，跟中国"同轨"是个大忌。而日本就没有这个忌讳，才胆敢提出汉字文化圈这个概念。

第四，汉字是表意文字，因此，在汉字文化圈各国之间，书写的文字一样，可是读音、读法都很悬殊（详后）。

由以上几点来看，所谓汉字文化圈显然是有点名不符实的称呼。那么，为什么用这个称呼呢？实在是不得已，没有一个更适合的涵盖整个地域的名称。笔者以前建议过，还不如用"筷子文化圈"，因为使用筷子的地域跟使用汉字的地域几乎完全一致，且大家至今仍用筷子。这当然是笑话。言归正传，以上所说的就意味着，东亚各国虽然历史上曾共享过以汉字为代表的同一文化，却没有统一的宗教或世界观的共识，所以其内涵是多样的，甚至分裂的。

三、汉字的读音——音读和训读

汉字的发音本来因时由地而变化，古音和今音不同，中国各地方言之间读音也有差异。中国近邻地域的人当初接受汉字，就跟我们现在学习外语一样，学习当时中国的汉字发音。可是，一来他们学习的时期不同，二来所学习的中国地方音有异，就产生了差别。例如越南汉字音保留中国早期的上古音；朝鲜汉字音保留唐宋时期的中原发音。日本汉字读音（音读）有吴音、汉音、唐音之别，吴音是中国六朝时代通过朝鲜半岛的百济传来的江南音；汉音是唐朝的长安音；唐音则是宋以后的南方音，各有差别。

再者，各地读音受当地母语影响而有所变化，中国当地的读音由古至今也逐渐发生变化，差之毫厘，谬之千里，久而久之，就形成了越南汉字音、朝鲜汉字音、日本汉字音（包括吴音、汉音、唐音）各个系统，已成为互相无法沟通的不同发音。这跟中国各地方言有别的情况大致相同，如广东、福建等地的读音，北方人也都听不懂。

更重要的是，除这些原本来自中国的发音以外，还有根据当地语言的读音，其中较有代表性的就是日本的训读。汉字是表意文字，每个字有形有音有义，而训读是以日语的意思作为读音的特殊读法。具体来说，如"山"字，来自中国发音的音读（on-yomi）是"san"，而"山"日语叫"yama"，因此，"山"字直接读成"yama"，这就是训读（kun-yomi）。这个训读对中国人来说可能很陌生、费解，打个比方吧：假设美国人学汉字，然后把"山"字读成"mountain"的话，就是英文的训读。或者，广东人有时把普通话的"什么"两个字读为粤语的"乜嘢"（mat je），这也算是一种训读。日本人读汉字有音读与训读之别，而训读跟中国的汉字音完全无关，中国人当然听不懂了。附带说明，古代朝鲜半岛也用过训读，且用得比日本还要早。据目前最新的研究，日本的训读很可能传自朝鲜。

四、汉文的读法——训读

以上是汉字的读法，下面要说明连缀汉字的文章（汉文）的读法。前面已说过日语跟汉语的语法不同，汉语是动宾结构；日语是宾动结构。还有否定词，汉语在动词、形容词的前面，日语在后面。因此，日人阅读汉文，每逢动宾结构或否定句时，常常把前后颠倒过来，以期符合日语的语序，且为此使用指示颠倒的符号，还加用日语需要的语缀、助词。

如"登山"（tozan）加符号和助词、语缀，写成"登ルﾚ山ニ"，就读为"山ニ登ル"（yamani noboru）。"ニ"（ni）、"ル"（ru）分别是助词和动词语缀；"ﾚ"是指示颠倒的符号。在日语里，"登山"（tozan）是个名词，"登"（to）、"山"（zan，san 的浊化音）均是音读；"山ニ登ル"是句子，"山"（yama）、"登"（noboru）都是训读。这种读法就叫训读（kun-doku）。"读"字音读是"doku"、训读是"yomu"，同样是"训读"，字音读法时"读"字以训读读为"kun-yomi"（yomi 是 yomu 的名词形）；汉文读法时"读"字以音读读为"kun-doku"，以示区别。

据最新研究，古代朝鲜半岛也曾用过这样的汉文训读法。日语和韩语语法几乎相同，都是宾动结构，且古代朝鲜接受汉文比日本早，据《古事记》记载，日本最初接受中国文献是由百济的和迩吉师把《论语》和《千字文》带到日本。因此，汉文训读法很可能是古代朝鲜人的发明，后来才传到日本。不过，后来朝鲜由于种种原因，把训读法废而不用，所以现在韩国的读法只是每句后加上韩文的助词、语缀，算是训读的遗音。

下面用《论语》开头第一句"学而时习之，不亦说乎"来说明各国具体读法。现在的中国人一般读为：

xué ér shí xí zhī, bú yì yuè hū。

韩国人的读法是用朝鲜汉字音，句末加以韩语的助词：

학이시습지면 부역열호아.（hak i si seup ji **meon**，bu yeok yeol ho **a**.）

其中"meon"和"a"就是助词，如果翻成中文，就是"学而时习之**的话**，不亦说乎**了**"。现在朝鲜虽已不用汉字，但是他们的汉文读法应该跟韩国相同。日本的训读法如图3：

學ンデ而時ニ習フレ之ヲ，不二亦說バシカラ一乎。

图3

读法是：

まなんでときにこれをならふ、またよろこばしからずや。（manande tokini koreo narafu，mata yorokobashikarazuya.）

每个汉字都用训读来读，且"习-之""不-亦说"都按日语语序来颠倒，为之加上颠倒符号"レ"和"一、二"。"レ"是上下各一个字的颠倒；"一、二"则用于两个字以上的颠倒。最后用片假名加助词、语缀，叫"送假名"（送り仮名，okurigana）。这样读起来，除非懂日语，不然肯定完全听不懂了。

古代越南人怎样阅读中国文献，因缺乏资料，今已不得而知。现在的读法就用越南汉字音来直读：

Học nhi thời tập chi, bất diệc duyệt hồ.

以上四国四种读法，声音的差别简直是截然不同，除本国人以外，光凭耳朵是绝不会听懂的。

《论语》是汉字文化圈的知识分子长期奉为圭臬的基本经典，凡是识字的人对其内容几乎都耳熟能详。可是，他们共享的只是文字所代表的意思而已，至于耳朵听进去的声音所赋予的印象，很可能大相径庭，甚至孔子的形象也说不定各有差别。从这一点来说，我们对汉字文化圈能否成为一个文化圈，不免要打一个疑问号了。

而这种汉文读法的不同，势必影响到汉文写法。这里只举浅近的例子吧。最近东亚各国都流行吃韩国菜。中国人以前不大爱吃紫菜，现在很多人喜欢韩国风味的烤紫菜。日本人本来吃烤紫菜，味道却跟韩国不同，现在韩国风味也颇受欢迎。而韩国烤紫菜的罐头上一般印有"开封后冷藏保管要"（图4）。"要"字放在最后是韩文语序，此句可以说是韩文语序的汉文。中国人虽

图4 韩国紫菜罐头上的文字

然能看懂，但大概要稍费周折才能理解，而且会觉得很奇怪。日本人一看就能看懂，因为语序跟日语相同。其实，无论在韩国或日本，这种反映母语语法的出格汉文（日本人称为变体汉文，详后），在过去都很普遍流行，甚至官方文书也都用这种文体。

汉文读法、写法产生这样的不同，其主要原因应该归于中国和近邻民族语言系统之不同。汉语属于汉藏语系的孤立语；韩语（朝鲜语）和日语虽然系统尚未明确，学者一般都认为是属于阿尔泰语系的黏着语，跟蒙语、满语等属于同一系统；越南语虽为孤立语，系统却与汉语有别，是属于南亚语系的。这与欧洲各国大多数语言都同样是印欧语系屈折语的情况大相径庭。中国近邻民族的语言跟中国的汉语语系不同，为近邻民族学习汉语带来了极大困难，加以古代交通不便，人际交流较少，且汉字是表意文字，抛开字音仍可理解内容，再加上中国的文言文本来跟口头语言有较大的差距，这些都促使近邻民族尤其是朝鲜和日本很早就放弃了汉语口头语言的学习，而试图利用自己的母语系统来阅读、书写汉文。而在此过程当中，朝鲜和日本都认清了中国语言和本国语言之间的差别，进而建立了与中国不同的国家观乃至世界观。对此，近代以前中国接受的唯一外来文化即印度佛教的传播，起了重要的作用。这就是本书要讨论的主要内容。

五、笔谈——世界上罕见的沟通方式

有人把汉字、汉文跟欧洲的拉丁文相比，认为汉字、汉文是东亚的共同文字、语言。可是，拉丁文的时地差别没有汉文那么大，直至现在拉丁文仍可用作口头语言。世界各地天主教的神父们，现在仍然用拉丁文来互相交谈。阿拉伯文也是如此。相对而言，汉文因各地发音、读法迥然不同，无法成为口头语言。因此，过去汉字文化圈各国人要沟通，只好用笔谈的方式。

例如，日本的慈觉大师圆仁（794—864），于唐文宗开成三年（838）留学唐土，十年后回日本写成《入唐求法巡礼行记》。他刚到中国，跟扬州的一个和尚交流，情况如下：

> 登时，开元寺僧元昱来。笔言通情，颇识文章。问知国风，兼赠土物。彼僧赠桃菓等。近寺边有其院。暂话即归去。

"笔言通情"就是笔谈，下面的"暂话"实际上也指笔谈，而不是口头交谈。

在近代以前的汉字文化圈，这种笔谈方式的交流相当普遍。过去朝鲜、日本、越南的知识分子都以儒家或佛教的汉文经典作为教学对象，因而基本上都能写出正规的汉文，却很少有人学习过汉语口语。学习口语的翻译人员，在这些国家算不上是上层士人。因此，各国人无论在外交场合或私人交流时，虽然一般都伴有翻译人员，但总以汉文笔谈方式进行沟通。不仅中国文人和近邻国家的文人交流，近邻国家之间，如清朝时期越南和朝鲜使节在北京见面，或朝鲜通信使去日本跟日本文人交流，无不用笔谈方式。

各位想想看，两国文人对面而坐，各执笔，中间摊开一张纸，此方写文章交给彼方，彼方看了写回答，回示此方，这样一言不发，默默地进行笔谈。如有隽语妙言，也许会相视而笑。其实，双方语言不同，所写的汉文，彼此的读法又完全不同，只能眼到，无法口到、耳到，却可以心到，这岂不是天下奇景？这种笔谈的交流方式在别的文化圈是无法想象的特殊现象。虽然如此，这种方法到现在也还在一定程度上管用。各位如果去日本旅游，碰到困难，无法跟当地人沟通时，不妨试试看，应该还派得上用场呢。

第二章　日本的汉文训读

一、日本训读的方法

1. 训读的程序

前面已说明日本汉文训读的方法，在此整理一下：

① 首先把汉文中的每个字读成日语，看情况有时用音读（on-yomi，来自中国发音的读法，也就是日本汉字音），如"山"读成"san"；有时用训读（kun-yomi，翻成日语的读法），如"山"读成"yama"。

② 语序不同于日语的地方，颠倒改为日语语序（主要是动宾结构和否定句），且加以日语需要的助词或语缀。如"读书"改为"书读"，读成"書（sho）を（o）読（yo）む（mu）"，"書"（sho）是音读，"読"（yo）是训读。"を"（o）是表示宾

语的助词，"む"（mu）是动词终止形的语缀。这种表示助词、语缀的假名在本文的右傍下面写，就叫"送假名"（送り仮名，okurigana）。

③ 表示语序颠倒的符号。"レ"表示后一个字对前一个字的颠倒，如"读レ书"读为"书读"；两个字以上的颠倒则用"一、二、三"，如"不二亦乐一乎"，先读"亦乐"（一），再读"不"（二），最后读"乎"，结果是：

亦（mata）乐（tanoshi）kara 不（zu）乎（ya）。

四个汉字全部用训读。再如"可三以托二六尺之孤一"，先读"以"（没有符号），其次是"六尺之孤"（一），再读"托"（二），最后读"可"（三）：

以（mot）te 六尺之孤（rikusekinoko）o 托（taku）su 可（be）shi。

"六尺""孤""托"用音读；"以""之"（no）、"可"则用训读。

结构更复杂的文章，则在"レ""一、二、三"之外，还可用"上、中、下"，如：

君子欲下讷二于言一而敏中于行上。

阅读次序是，"君子""言"（一）、"讷"（二）、"而"（没有符号）、"行"（上）、"敏"（中）、"欲"（下）：

君子（kunshi）wa 言（gen）ni 讷（totsu）而（nishite）行（okonai）ni 敏（bin）naran kotoo 欲（hos）su。

"君子""言""讷""敏"用音读，"而""行""欲"则用训读。"于"字用日语助词 ni 来代替。这种按照日语语序来颠倒中文语序的读法叫作"训读"（kun-doku），以示别于单字的日文读法"训读"（kun-yomi）。

不熟悉日文的中国人看来，这种读法应该是很奇怪的，而且万万想不到满以为"同文"的日本人竟然用这么奇怪的方法来阅读中国古典著作。其实，换一个角度来看，训读是文体结构的分析。因此，同一篇文章由不同解释而发生的歧义，如用训读来分析的话，就一目了然了。例如《论语·学而》"孝悌也者，其为仁之本与"，古注和朱子新注之间存在不同解释。古注认为"孝悌"是"仁之本"；朱子却以为"孝悌"是"为仁之本"，也就是实行"仁"的根本，不是"仁之本"，因为"仁"是抽象的概念，而"孝悌"是实践道德的具体项目，两者层次不同。现在，这两种不同的解释用训读来表示的话：

（古注）孝悌也者，其为₌仁之本₌与。

　　　　孝 悌（kotei）也（naru）者（mono）wa，其
（so）re 仁之本（jinnomoto）为（ta）ru 与（ka）。

（新注）孝悌也者，其为ㇾ仁之本与。

　　　　孝 悌（kotei）也（naru）者（mono）wa，其
（so）re 仁（jin）o 为（na）suno 本（moto）与（ka）。

　　两相比较，用的符号不同，读法也不同，差别明显。所以，现在的中国人阅读古文，如碰到结构复杂，一时难以捉摸的句子，不妨用这个方法来分析，一定有助于理解。不信，可以试试看。

2．中文也能训读？

　　现在很多中国古典著作都有白话译文，也就是把古文翻成当代语言，这一来是古今语法有变，词汇不同之故；二来是今人对古文越来越陌生，需要白话翻译。例如诸葛亮《出师表》开头一句："臣本布衣，躬耕于南阳，苟全性命于乱世。"白话译是"臣本来是一个平民，在南阳亲自耕田种地，只想在乱世中苟且保全性命。"①

① 陈寿．三国志全译 [M]．吴顺东，谭属春，陈爱平，译．贵阳：贵州人民出版社，1994.

两相比较，首先语序不同：古文"于南阳""于乱世"分别在动词"躬耕""苟全"之后，而白话译的"在南阳""在乱世"则位于动词前面，表示时地的状语由后变为前；再者词汇不同：古文的"布衣"，白话译是"平民"，"躬"译为"亲自"；有些地方要补充字，如"本"→"本来"，"耕"→"耕田种地"，"苟全"→"苟且保全"；也有多出古文没有表达的字，如"是一个""只想"等。

如果把这一系列由古文翻到现代汉语的转换过程用日本训读的方式来表示，如下（表示颠倒语序的数字改用阿拉伯数字）：

臣本_{来是一个}^{平民}布衣，躬_{自－}^兼耕_{田种地}2^在于南阳1，_{只想}苟_{且－保}全性－命2^在于乱世_中1。

上面有字的就读上面字，有数字的先读1部分（"在南阳""在乱世中"），再读2部分，这样就顺理成章地翻为白话文。中国人当然不会用这么麻烦的方法，不过，在把古文翻成白话时，脑子里无意中却做同样的手续，跟训读没有两样。

二、汉字的训读（kun-yomi）

话归正传，以下将把上面训读的三个因素（汉字的训读、颠倒语序、使用符号）逐一加以详细说明。

1. 音读（on-yomi）的复杂性

首先，说明汉字的日本读法。有"音读"（on-yomi）、"训读"（kun-yomi）两种。"音读"来自汉字的中国发音，加入日语成分（如没有声调）而讹变成的所谓日本汉字音。而由于接受的中国发音来自不同时地，音读又分为吴音、汉音、唐音三种。吴音是大概 7 世纪以前经过朝鲜半岛的百济传来的中国江南音；汉音是 8 世纪以后的唐代长安音；唐音是宋元以后主要由禅宗的传播而带来的福建等南方地区的特殊发音。

例如"京"字，吴音是"kyo"，汉音是"kei"，唐音是"kin"，这与中国的方言音有点相似，如"京"字普通话读"jing"，广东话读"king"，闽南话读"kia"。不同的是，中国的方言音为一地专用，说普通话的北方人一般不可能把"京"字读成"king"或"kia"。而日本的三种音读却是同时同地并存的。如"东京"（Tokyo）读吴音，可是成田（Narita）机场去东京的"京成"（Keisei）电车的"京"（Kei）却是汉音，"北京"（Pekin）、"南京"（Nankin）则用唐音"kin"。这又有点像中国的文白异读，如"白"字的"bo"和"bai"，"削"字的"xue"和"xiao"，普通话中这种文白异读的字有限，闽南话等南方方言更多，可是总不及日语音读的普遍。

到底为什么会有这样复杂的情况呢？一言难尽。简单地说，最早传来的是吴音，到了隋朝统一中国以后，日本就派了遣隋使，接着又派了遣唐使，想要吸收中国先进文化。可他们到了首都长安，才恍然大悟，原来他们所用的吴音是南方乡下音，不管用了。于是朝廷下令禁止吴音，鼓励改用汉音。可是吴音用了既久，一下子改不过来，就形成了吴汉音并用的局面。很多汉字又有吴音又有汉音，部分字是吴汉同音。一般来说，有关佛教的词汇和常用词继续用吴音，其他新词和儒家的词汇则基本上用汉音。可是界限模糊不清，有些词语到底该用吴音还是汉音，连日本人也说不清楚。甚至，现在很多日本人连吴音和汉音的区别也分不清了。试想，在中国假定"北京"的"京"要读"jing"，"南京"的"京"却要读"king"的话，不仅太麻烦，而且太不像话了，可日语的情况正是如此。到宋元以后，随着禅宗新文化的流入，又传来了唐音，可只限于特殊词汇，为数不多。

总之，日本的音读虽然有吴汉唐三种音并用的特色，但基本上跟中国的方言，或朝鲜、越南汉字音一样，来源都是中国的古音。可训读就不一样了。

2. 训读（kun-yomi）的起源

前面已经说明，训读是用日语的意思作为汉字的读音，例如"山"字读为"yama","河"字读为"kawa"。我们学外语的时候，外语某一词的音和义密不可分，却应该是两回事，如英文的"book"，音是"卜克"，义是"书"，不可能混淆音义，把"book"直接读成"书"。可是日本的训读就是这样的读法。为什么会有这样的"越轨"读法呢？要说明这个问题，需从古代中国人用汉字音写外语的习惯谈起。

《礼记·王制》云："五方之民，言语不通，嗜欲不同。达其志，通其欲，东方曰寄、南方曰象、西方曰狄鞮、北方曰译。"也就是说古代朝廷也有翻译人员。不过，《王制》说的是理想的制度，并不是现实的制度，古代朝廷不见得真有翻译人员。虽然如此，古代中国人肯定也跟四方境外的诸多民族有所接触、交流，需要翻译他们的语言。尤其是人名、地名等固有名词需用汉字来音译。如"匈奴"（汉代的发音大概是 Hunna，有人说与曾活跃于欧洲的匈人是同一民族），再如三国时代来自日本列岛"邪马台（Yamato）国"的"卑弥呼"（Himiko）女王的使节，都是用汉字的假借（取音弃义）功能来音译的。不过，音译这些外国的人名、地名对当时的中国人来说，并不是重要的事情。因为古代中国人把境外四周的异民族一概视为野蛮人，称为东夷、西戎、南蛮、北狄，只要他们不害中国，是可有可无的存在。音译时用"匈""邪""卑"等带有贬义的文字，也许是这个缘故吧。

可是，这种情况到了印度佛教传入中国后发生了极大的变化。对中国来说，印度是遥远的国度，印度语言（梵文）又是跟中文完全不同的语系，属于印欧语系。不过，要深入了解佛教，非译佛经不可。要译佛经，非学梵文不行。于是，大量的音译词应运而生，诸如"浮屠"、"佛陀"（都是 Buddha 的音译）、"释迦牟尼"（Sakya-muni）等，不胜枚举。此时中国佛教徒心目中的印度，当然是佛教的圣地，不同于以往匈奴或邪马台国等被视为野蛮的国家，因此，有关佛教的翻译在质和量两方面，都跟过去不可同日而语了。

而朝鲜、日本开始正式接受中国文化的时期，大概是 4 世纪以后，正当佛教盛行于中国的南北朝，佛教很快就传到这些地域（当时朝鲜半岛是三国时代，372 年佛教先传到北方的高句丽，384 年传到百济，6 世纪初再传到新罗，538 年由百济传到日本），他们前后接触到大量的佛教文献，看到其中有大量的梵文音译词，就依样画葫芦，用汉字来音译自己的人名、地名等，就是顺水推舟，轻而易举的事了（当时朝鲜、日本还没有自己的文字，只好用汉字）。当然，他们也知道佛教以外中国文献的音译词如"匈奴""卑弥呼"等，可是这些中国本身的音译词数量较少。而佛教则不同，他们既然已成了佛教徒，跟中国的佛教徒没有两样，中国人做的，他们为什么不能做呢？

佛经的翻译，先用汉字音译梵文词，再把音译词加以意译，翻成中文词。音译和意译的过程在佛经注解中很容易看到。例如：

梵云优婆塞，此云清信男。(隋·智顗说、灌顶记《仁王护国般若经疏》卷二《序品》)

比丘者，此云勤事男；比丘尼，此云勤事女。(唐·明旷删补《天台菩萨戒疏》卷一)

这里"此云"者，意谓"中国云"，也就是说，梵文的这个词，翻成中文是这个意思。日本最早用汉文写的史书《日本书纪》(720)里面，能看到如下的注解："可美，此云于嘛时。""彦舅，此云比古尼。""皇产灵，此云美武须毗。"(以上均见于卷一《神代上》)。"于嘛时"(umashi)、"比古尼"(hikoji)、"美武须毗"(mimusuhi)都是日文的音译词，意思分别相当于"可美""彦舅""皇产灵"，而"此云"在这里却是"日本云"。《日本书纪》这些注解的写作程序是，先有"hikoji"等日语词汇，把它用汉字音译成"比古尼"，再把它翻成中文("比古"是"彦"，"尼"是"舅")作为汉语词汇"彦舅"(其实，中文没有这个词)。到了撰文时把次序颠倒过来，"彦舅"成了正文，"比古尼"反而退到注解。显而易见，这就是佛经梵文汉译法的应用。像"比古尼"所选之字，显然也是佛经"比丘尼"的模拟。只是梵文汉译的"比丘尼，此云勤事女"，先有梵文词"比丘尼"然后翻成中文"勤事女"，"比丘尼"是主，"勤事女"是从；而《日本书纪》的"彦舅，此云比古尼"，先有日语"比古尼"，然后翻成中文"彦舅"，"比古尼"是主，"彦舅"是从，两者看起来是同样的形式，其内含的主从关系却恰恰相反。

中国佛经汉译的音译、意译过程中，有时把意译叫作"训"，如晋代孙绰的《喻道论》云："佛者梵语，晋训觉也。"（《弘明集》卷三）就是说，梵文的"佛"（Buddha）翻成晋（中国）文就是"觉"。"训"本来是"训诂"的"训"，也就是汉代以后对儒家经典的主要注解方式。晚清广州的著名经学者陈澧说："诂者，古也。古今异言，通之使人知也。盖时有古今，犹地有东西有南北，相隔远则言语不通矣。地远则有翻译，时远则有训诂。"（《东塾读书记·小学》）据陈氏的说法，训诂和翻译是类似的概念，因此，翻译也不妨叫成"训"，孙绰《喻道论》的"训"就是翻译之义。而既然把梵文翻成中文能称为"训"，那么把中文翻成日文同样也可以称为"训"。这就是日文"训读"之所以用"训"字的理论根据。有时也称为"和训"（"和"是日本的美称）以示区别。

可是训诂是注解，注解怎么能当成汉字的读音？这就要了解当时日本人读汉文的情况。汉字是表意文字，汉字的字形不代表字音，字音只好一个一个地背。当然，汉字也有表音功能，所谓形声字就是。例如带有音符"同"的字，"铜""桐""筒"都音"tong"，可是"洞""胴"的音却是"dong"，学过音韵学的人知道，这是因为"同"字原来是浊音的缘故，可音韵学是一门复杂的学问，何况古代还没有像现在这么有系统的音韵学。总之，汉字的表音功能是不彻底的，有时反而成为学习正确字音的障碍，增加麻烦。直至现在，掌握汉字的字音包括声调乃是外国人学习中文的最大瓶颈，在古代更是如此。日语没有声调，要学好中文的声调尤为困难，以致现在的日本汉字音都没有声调了。

其实，古代中日之间人际交流很少，除了遣唐使等人员以外，绝大多数的知识分子根本没有机会跟中国人直接交谈。因此，对他们来说，只要了解汉文的正确意思就行，不必学好正确的字音。现在我们学外语，学好发音（读诵）和了解意思（翻译）缺一不可，而对古代日本人来说，可不是这样，翻译可以代替读诵。所谓训读应该是在这样的情况之下发生的（具体过程如何，因缺乏资料不得详知，这只是一种推测）。因此，文章中的每一个字，由于前后文脉的不同，可以有不同的意思，也就是有不同的训。如"经"字，有时是"经过"之义，读为"heru"，有时则是"经常"之义，读为"tsune"，这样，一个汉字可以有好几种训读，再加上吴、汉、唐三种音读，发音就更多了，这样的一字多音是日本汉字发音的一大特征。

3. 日本汉字有多种发音的利和弊

一个汉字有多种发音，会不会不方便？是绝对不方便的。例如日本人的名字，很多时候连日本人也不知道该怎么念。举个例子，在中国也颇有名气的日本推理小说家松本清张，他的名字"清张"用作笔名时一般用音读（汉音）读成"seicho"，但其实他的本名应该用训读，读为"kiyoharu"，那么，到底哪个对？谁也说不清楚。因此，在日本往往会发生很奇怪的事情，两个人初次见面，彼此交换名片，看了名片上的汉字，不知道该怎么念，于是只好问对方："对不起，您大名该怎么念？"这样的事，除非你不认字，世界上任何国家也不会发生，可在日本真的会有这种奇事。

因此，为了表示正确的读音，有时在汉字旁边或上面加小字的假名，以示发音。譬如"松本清张"，汉字上面的假名就标"matsumoto seicho"的发音。可是这样，写一个词要用两种不同文字来表示，这不是多此一举吗？干脆废了汉字，单用假名算了。事情可不那么简单，用汉字且用训读的读法，自有其利，也有其历史背景。

第一，如果光用假名，同音词很多，"成长""声调""静听"等，日本发音都是"seicho"，跟"清张"相同，无法分辨，且无法明白原来的命意"清张"。日语的发音结构比中文单纯，同音词发生的概率比中文高。

第二，一个汉字用假名标写，就变成好几个字了，如"松本清张"是四个字，假名"まつもとせいちょう"是九个字，翻一倍。文章变长，既占篇幅，读起来也很不方便，且不好辨认。

一个汉字有多种发音，还要同时使用汉字、假名两种文字。假名又有平假名、片假名之别，就成为三种文字并行了。如"他从美国来。"日文就说："彼はアメリカから来た。""アメリカ"

（amerika，美国）是片假名，"は"（wa，表示主语的助词）、"から"（kara，从）、"た"（ta，动词语缀）是平假名，且汉字"彼"（他）、"来"都用训读分别读为"kare""ki"，这么短的句子也要用三种文字。这样同时混用多种不同文字也是日本的特色，除了韩国混用韩文字和汉字以外，世界上恐怕没有这样的例子。

历史上，日本先接受汉字，假名是由汉字派生出来的。假名的"假"是针对真名（汉字，名就是字）的"真"而言，这样势必难免真假并用。用日语作为汉字读音的训读是日本人长期以来把外来的汉字驯化为本国文字的表征。日本人一般认为汉字虽然来自中国，但已然成为日本文字，理由就在这儿。越南、朝鲜半岛则不同，并不认为汉字是本国字。

三、汉文训读和佛经汉译

1. 颠倒语序何以称"训读"？

颠倒汉文的语序，翻为日文，也叫训读（kun-doku）。这一来是因为翻成的日文中有些汉字用训读（kun-yomi）来读，二来是因为中国的训诂除了字义、字音的注解以外，还包括句意的解释。如《论语》："人不知而不愠，不亦君子乎？"何晏注云："愠，怒也。凡人有所不知，君子不怒。""愠，怒也"是字义，"凡人有所不知，君子不怒"是解释，日文翻译也可以说是一种解释，所以也可以叫作"训"。另外，中国的训诂也偶有注意到语序的颠倒。如《尚书·大诰》："猷大诰尔多邦。"伪孔传云："顺大道以诰天下众国。"《音义》云："猷音由，道也。"孔颖达疏云："古人之语多倒，犹《诗》称中谷，谷中也。"据此，"猷（道）大"就是"大道"的颠倒语法。古代日本人也应该知道这种现象。

2．佛经汉译的程序

可是，给颠倒语序最大启发的应该是佛经汉译的过程。众所周知，自从佛教传入中国以后，大量的梵文经典被翻成汉文，终于形成了浩如烟海的大藏经。而当时的翻译跟现在大不相同，一般都采用集体分工方式。下面介绍比较典型的例子，就是北宋太平兴国七年（982）在开封的译经院由印度僧天息灾主持举行的《般若心经》译经仪式（见《佛祖统纪》卷四十三）。此时在译经院有天息灾等很多僧人，还有一些官员，经以下程序进行翻译：

① 第一译主。正坐面外，宣传梵文。

② 第二证义。坐其左，与译主评量梵文。

③ 第三证文。坐其右，听译主高读梵文，以验差误。

④ 第四书字梵学僧。审听梵文，书成华字，犹是梵音。"ऋ（kṛ）द（da）य（ya）"，初翻为"纥哩第野"；"स（su）त्रं（traṃ）"为"素怛览"。

⑤ 五笔受。翻梵音成华言。"纥哩那野"再翻为"心"；"素怛览"翻为"经"。

⑥ 第六缀文。回缀文字，使成句义。如笔受云："照见五蕴彼自性空见此。"今云："照见五蕴皆空。"大率梵音多先能后所，如"念佛"为"佛念"，"打钟"为"钟打"，故须回缀字句，以顺此土之文。

⑦ 第七参译。参考两土文字使无误。

⑧ 第八刊定。刊削冗长，定取句义。如"无无明无明"，剩两字[1]；如"上正遍知"，上阙一"无"字[2]。

⑨ 第九润文。官于僧众南向设位，参详润色。如《心经》"度一切苦厄"一句，元无梵本。又"是故空中"一句，"是故"两字，元无梵本。

由此可知，梵文汉译的分工程序是：先由译主（此处当是印度僧天息灾）宣读梵文经本，左右证义、证文监视有没有错误，

---

[1]《心经》："无无明"，三个"无"字，只剩两个。
[2]《般若心经三注》卷一："梵语阿耨多罗三藐三菩提，此云无上正遍知觉。"

再由书字梵学僧把所有梵文单词用汉字来音译，笔受僧再把它翻成汉文词汇，然后缀文僧按照汉文语序"回缀"，参译僧再次审查，刊定僧"刊削冗长"（梵文句子絮叨，汉文重视简练），最后善于作文的官员来润色文章，作成达意的汉文。

以上是纪念译经院完工而举行的一种仪式的程序，实际上的译经工作程序也许不那么繁琐，可以省略或合并几个环节。不过，历代梵经汉译的过程，包括最有名的玄奘译经，基本上都采用这种集体分工的方式。

3. 梵文和汉语的差异——词汇

以上梵经汉译的程序中，首先值得注意的是书字梵学僧用汉字来音译梵语的过程（④）。这对现在的我们来说，似乎是多余的。我们把英文"book"翻成"书"的时候，不需要先音译为"卜克"。不过，当时的人并不这样想，因为对他们来说，梵文的音和义都很重要，而很多人都不知道梵字的发音，也没有像现在罗马拼音一样的发音记号。有些佛经停留在音译的阶段，没有翻成汉文，这就叫"陀罗尼"，如《般若心经》最后咒的部分："羯谛羯谛，波罗羯谛，波罗僧羯谛，菩提萨婆诃"，不懂梵文的人听，简直是莫名其妙，可当时人相信梵文的音本身具有神圣的功能，叫作"真言"。

梵文是表音文字，只有五十几个字母，汉字多得不知凡几，且有很多同音字。因此，音译梵文的某一个字，如果随便用同音汉字的话，势必会带来极大的混乱。解决这个问题最好的办法，就是先定好音译梵文各个字所用的固定汉字。《大般涅槃经·如来性品》定的"阿"（a）、"伊"（i）、"优"（u）、"噎"（e）、"乌"（o）等字，就是日本假名的来源。

接下来，梵文音译词由笔受翻成汉文词（⑤），如"纥哩第野"翻成"心"，"素怛览"翻成"经"，梵文的复音节词翻成汉文，多半变成单音节词。且"心""经"都一字一义，而"纥哩第野""素怛览"的各个字都有音无义，几个字凑成词才有义。中国人在梵经汉译的过程中，渐渐地悟到梵汉语言、文字的不同性质。梁代僧祐（445—518）《出三藏记集·胡汉译经音义同异记》就说：

> 至于胡音为语，单复无恒，或一字以摄众理，或数言而成一义。寻《大涅槃经》列字五十，总释众义十有四音，名为字本。观其发语裁音，宛转相资，或舌根唇末，以长短为异。且胡字一音不得成语，必余言足句，然后义成。译人传意，岂不艰哉。

"胡语"指印度语和一些西域语言，"单复无恒"是说梵文词汇除复音节词外也有单音节的。"列字五十"指梵文字母，"十有四音""字本"则指其中母音。"宛转相资"谓组合字母形成音节，"余言足句"概指动词、形容词的语形变化而言。这样跟汉语完全不同性质的语言，要把它翻成汉语，实在困难啊，僧祐最后不免兴叹。

可是，中国人眼中完全异质的梵语，在古代日本人来看，却是种很亲密的语言，因为日语的词汇也是以复音节为主，且动词、形容词也有变化。前面说过《日本书纪》的"此云……"，用日语模仿梵文的标音，很可能是这种语言观的产物。把梵语翻成汉语，再把它翻成类似梵文的日语，这样容易给人一个印象，就是相对中间的汉语，两边的梵文和日语之间存在某种对应关系。

这就很可能给日本的训读提供了有力的理论根据，平安末期（10世纪初）的日语辞典《倭名类聚抄》，利用汉字的假借功能表示汉字的和训，编者源顺在序文中就说："其五曰假借，本无其字，依声托事者乎。内典梵语，亦复如是，非无所据。"也就是说，用汉字假借功能来表示日语的理论根据就是梵文的汉字音译。以上所说，如下所示：

"kṛdaya"（梵文"心"）→"纥哩第野"（汉字音译）→"心"←"己許呂"（万叶假名的汉字音译，就是和训）←"kokoro"（日语"心"）

附带说明，研究梵文字母的学问就叫"悉昙学"，"悉昙"（siddhaṃ）是梵文字母的别称。悉昙学在唐代很盛行，宋以后渐趋式微，后来几成绝迹，而传到日本后，一直到近代弥久不衰，如假名"五十音图"就是其成果之一。

4. 梵文和汉语的语法差别——语序的回文

把梵文词汇用汉字音译，再把它意译为汉语后，担任缀文者按照汉文语法调整语序（⑥）。梵文跟希腊语、拉丁语同类，属于印欧语系的屈折语，词汇的语法功能如主语、宾语等表现在形态上，语序并不重要。虽然如此，一般的语序是宾语在前动词在后，跟汉语恰为相反。

这一点也早就引起中国人的注意，前面"大率梵音多先能后所"就是这个意思，所谓"能"是宾语，"所"指动词，因此需要"回缀字句，以顺此土之文"，如"佛念"为"念佛"。这种颠倒语序，当时也叫"回文"。唐代宗密《圆觉经略疏钞》云：

> 西域语倒者，钟打、饭吃、酒饮、经读之类也。皆先举所依法体，后始明义用。……故译经者先翻出梵语，后回文令顺此方，如云打钟、吃饭等。

"所依法体"是名词（宾语），"义用"指动词。又唐代慧琳《一切经音义·大般若波罗蜜多经》：

播啰弭多唐言彼岸到，今回文云到彼岸。

"播啰弭多"同"波罗蜜多"，梵语"pāramitā"的音译。直译汉语（唐言）即"彼岸到"，回文则"到彼岸"。

不难看见，这个"回文"跟日本训读之颠倒汉文语序翻为日文完全相同，日语语序也宾语在前动词在后，跟梵文一样。也就是说，把梵文的"宾语＋动词"回文成汉文"动词＋宾语"，再把汉文训读为日文"宾语＋动词"。在这里，我们又看到了梵文与日文隔着汉文遥相呼应的关系。

"pāramitā"（梵文）→彼岸到（直译）→到彼岸（回文）→
彼岸到（训读）→ "higanni-itaru"（日文）

现存早期的训读资料（8世纪）全都是佛经，训读起源于佛教寺院殆无疑问。中国自从南北朝以来佛教大张其道，而日本接受中国文化正当其时，因此，佛教的影响远远超过儒家。当时的日本僧人通过种种管道，如阅读相关资料，或随着遣隋使、遣唐使去中国直接观摩或参加译经现场，对中国梵经汉译的具体程序非常熟悉。如日僧灵仙（759？—827？）曾在长安参加过西域僧般若三藏的翻译工作，担任了笔受和译语的角色。[①]。

[①] 灵仙只见于般若译《大乘本生心地观经》的日本石山寺所藏古抄本，不见于中国资料。

他们对梵文的语言结构也具有一定的知识。奈良东大寺大佛的开眼仪式（752）中扮演导师的印度僧菩提仙那带来了"多罗（陀罗）叶梵字"一百张，跟菩提仙那同时来日本的林邑（今越南南部）僧佛彻则传《悉昙章》，奈良法隆寺至今仍保存着当时的梵文贝叶。加之，在朝鲜半岛的新罗有很多直接参加过译经事业的僧人（118页），当时新罗和日本来往密切，也可以通过新罗了解中国译经的实情。

5. 训读所用的符号

最后要说明颠倒语序时所用符号的来源。最重要且常用的符号有两种，一是颠倒上下两个字的"レ"，另一是颠倒一个字和两个以上字的"一、二、三"等数字。此外，文章结构更复杂时还用"上、中、下""甲、乙、丙"等符号，不过，这些都是从"レ"和"一、二、三"衍生出来的，且罕见使用。

① レ点

"レ"的使用法，如"登レ山"读为"山登"，上下字要颠倒。由于"レ"跟片假名的"レ"（re）同形，一般就称为"レ点"（reten），但其实，它跟片假名的"レ"（"礼"的省体）无关。在中国古代，如果不小心把上下两个字颠倒写的时候，就在两字之间加"乙"来订正，例如宋朝诗人、书法家黄庭坚的《自书松风阁诗》

（台北故宫博物院藏，图5）把"二三子"误写成"三二子"，就用"乙"来加以订正。这个"乙"也不是甲乙的"乙"字。现在我们碰到同样的情况，往往把两个字用"∽"来使之颠倒订正，因"乙"字的形态正好和"∽"一样，就写"乙"字，其实是符号，不是字。历代字典在"乙"字的字义中从来没有颠倒的意思。

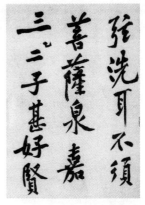

图5　黄庭坚《自书松风阁诗》。见《故宫博物院藏蒙古文物汇编》（台北故宫博物院，2015）。

关于"乙"，敦煌发现的唐代《搜神记》（不是干宝的《搜神记》）中有一条颇有趣的故事：

三国时代的人管辂善于算命。有一次路逢十八九岁的少年，名叫赵颜。管辂一看就知此人明日午时定死，就告诉他："你明天午时一定会死。"赵颜听了大吃一惊，连他的父母都向管辂苦苦哀求救命。管辂就告诉他："你明天准备酒脯去大桑树下，那边有两个人玩儿博戏，你给他们倒酒，如果他们喝了酒吃了肉脯，其中一个人一定会救你的命。"第二天，赵颜去大桑树下，果然有两个人在玩儿博戏。赵颜给他们倒酒，因他们太热衷于博戏，无意中喝了酒吃了肉。等到博戏完了，坐在北边的人才发现赵颜，就勃然大怒说："你为什么给我倒了酒？快回去。"坐在南边的人就说："你既然喝了他的酒，吃了他的肉，应该救他的命。"北边的人就回答说："文案已定，不能改。"南边的人看到文案上写"十九岁"，就用笔颠倒两字，然后跟赵颜说："你本来寿年十九即死，现在可以活到九十了。"原来北边坐的人是北斗，掌死；南边坐的人是南斗，掌生。《搜神记》最后说："自尔以来，世间有行文书，颠倒者即乙复。"[①]可见用"乙"来颠倒上下两字订正的习惯，叫"乙复"，唐代已有之。

图6 《佛说菩萨藏经》。见《台东区立书道博物馆所藏中村不折旧藏禹域墨书集成》卷上（二玄社，2005）。

这个"乙"一般都省写成"レ"，如敦煌佛经抄本中："说偈""上妙"分别误写成"偈说""妙上"，都用"レ"来订正（图6）。且此一书写习惯很早就传到朝鲜、日本，朝鲜半岛的新罗和日本平安时期的木简都有订正误写的符号"レ"。

中国的"レ"是订正误写的符号，日本训读的"レ"是为了把中文语序颠倒改为日文语序的符号，两者用途不同，可是颠倒上下两字却是一致的，可谓殊途而同形。所以，我们不妨初步推定日本训读的"レ点"可能援用自中国的订正符号"レ"。

室町时代的禅僧桃源瑞仙（1433—1489）在《千字文序》中

① 王重民 . 敦煌变文集 [M]. 北京：人民文学出版社，1957：868.

说："一字而反其上，则横乙于字间，其形如雁飞秋天（图7）。"[1] 可见他也认为表示倒读的"レ"原来是订正颠倒的"乙"，因为当时把"レ"写成"Ⅴ"形，才有"形如雁飞秋天"之说。也因此，在日本"乙"字又衍生出为了训读颠倒语序的意思，如江户时代的学者冈白驹（1692—1767）在享保十六年（1731）出版的《文心雕龙》序文中就说："遂校订并乙而付云。"这里的"乙"乃是加了符号做训读的意思。

图7 大永六年（1526）清原业贤所抄《论语》中的雁飞形"レ点"。庆应义塾大学名誉教授佐藤道生先生提供。

订正误倒的字，除了"レ"以外，后来也出现了把「＇＇」加在误倒的两个字上的方法。如元杂剧《还牢末》的明代抄本把"要娶他"误颠倒写成"娶要他"，就用这个方法来订正（图8）。这个颠倒符号「＇＇」也传到日本，有时转用为训读符号。有趣的是，明治时代的思想家福泽谕吉（1835—1901）把他做的汉诗题目"学书"误写成日语语序的"书学"，就用「＇＇」来加以订正（图9），从中似乎可以了解中国的订正符号转为日本训读符号的途径。

② 数字

一个字对两个字以上的训读，就用数字来表示次序，如"登₂高山₁"读为"高山登"。这样用数字来表示阅读次序，也可能

① 足利衍述．鎌倉室町時代之儒教 [M]．東京：日本古典全集刊行会，1932．

图8　元杂剧《还牢末》的明代抄本。见《古本戏曲丛刊四集》（商务印书馆，1958）。

图9　福泽谕吉的汉诗《学书》。庆应义塾福泽研究中心藏。

跟佛经汉译的程序有关。前面已说明梵文汉译的程序，首先把梵文的每个词用汉字来音译，停留在这个阶段，没有把音译词再翻成汉文词的就叫"陀罗尼"。而早期很多陀罗尼写本上可以发现每个词的下面都打有号码，如敦煌发现唐代写本《大乘无量寿经》的陀罗尼部分（图10）：

南谟薄伽勃底（一）阿波唎蜜哆（二）阿喻纥砚娜（三）须毗你悉指陁（四）……

这些号码到底是做什么用的？如果要隔开每个单词，用句读就可以，用不着打号码。以往佛教研究对此没有答案，甚至没有注意到这一现象。只要考虑到梵文汉译是由集体分工来进行的这一事实，似乎不难得到答案。如果先在每个梵文单词上打个号码，那么以后的翻译（笔受）、语顺颠倒（缀文）、修辞（刊定）等流水式的工程就好办多了。例如《续华严经略疏刊定记》卷五《明法品》云：

> 前中按梵本云："达摩阿噜迦娜忙钵里勿多。"达摩"法"也，阿噜迦"光明"，娜忙"名"也，钵里勿多"品"也。

如果给每个梵文单词打号码，写成"达摩（一）阿噜迦（二）娜忙（三）钵里勿多（四）"，然后逐一翻为汉文单词：（一）法·（二）光明·（三）名·（四）品，再调整语序（三）（二）（一）（四）翻成"名为光明法之品"，最后删除多余的字即成"明法品"。这样打号码，把梵文词翻成中文词的笔受，在接下来把

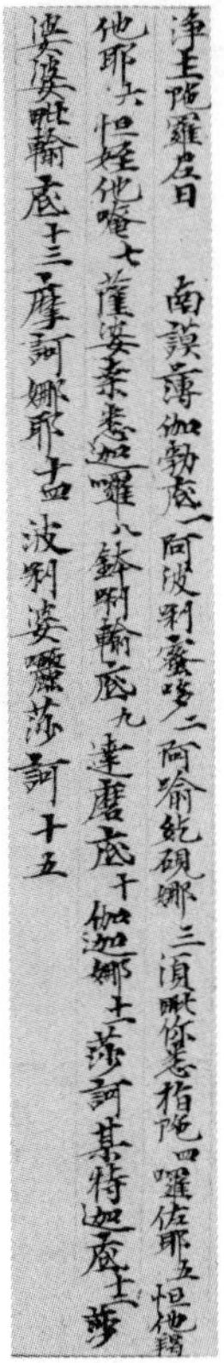

图10 《大乘无量寿经》陀罗尼的号码。见《台东区立书道博物馆所藏中村不折旧藏禹域墨书集成》卷中（二玄社，2005）。

047

梵文语序改为中文语序的缀文过程中，不必再写梵文的音译词，也可避免发生意外的错误，可谓事半功倍。

总而言之，训读的三个因素，即汉字读成日文的"训读"（kun-yomi）、颠倒语序的"训读"（kun-doku）以及颠倒时所用的符号，都能在中国的佛经汉译和书写习惯中找到它的来源。再加上古代日本僧人熟悉佛经汉译的过程及中国的书写习惯，训读之产生从中受到某种启发，殆无疑问。目前日本学界都认为训读是古代日本的独创，似有商榷余地。

下面我们要继续考察，由训读所产生的古代日本语言观和世界观。

四、训读的语言观及世界观

1. 佛经为什么可以翻译？——创造文字的三兄弟

首先我们必须要发问，中国的佛教徒为什么没有直接用梵文阅读佛经，而是将佛经全部翻成汉文？这看起来是愚蠢且多余的问题，其实不然。如伊斯兰教圣典《古兰经》是不准翻译的，因为穆斯林认为它是以阿拉伯语降示的，翻译不能体现其广泛而深奥的含义。可是中国的佛教徒不仅把梵文翻成汉文，还借着翻译的名义杜撰了很多伪（拟）经，据说大藏经中大概三分之一是中国人制造的伪（拟）经①。基督教的圣经当初由希腊文翻成拉丁文，有点像梵经汉译，可是基督教很严格地区别正典（canon）和伪典（apocrypha），把伪典排除到正典之外，因为伪典不是神的语言。偏偏佛经又可翻译又可伪造，这到底是为什么呢？答案是释迦佛有能力，可用所有的语言说法。《阿毗昙毗婆沙论》（卷四十一）说：

> 一音者，谓梵音。现种种义者，若会中有真丹人者，谓佛以真丹语为我说法。如有释迦人、夜摩那人、陀罗陀人、摩罗娑人，佉沙人、兜佉罗人，如是等人在会中者，彼各各作是念，佛以我等语，独为我说法。

佛用以说法的"一音"虽为梵音，会中的真丹（中国）人及各国的人，如果心念要佛用自己的语言说法，那么佛可以各种语言说法。也就是说，佛说的梵文按着听众的国别自动被翻成各国语言。再者《大般涅槃经·文字品》云："所有种种异论、咒术、言语、文字，皆是佛说，非外道说。"佛性普遍存在，无处无有，因此所有的异论、咒术，听起来似是外道说，可是归根到底还是佛说的。所有语言、文字也当如是观。总之，佛经既可翻译，又不妨伪造。

梁代僧祐《出三藏记集·胡汉译经音义同异记》引用前面《大般涅槃经》的话就说：

---

① 石井公成 . 東アジア仏教史 [M]. 東京：岩波書店，2019：147.

祐窃寻经言："异论、咒术、言语、文字皆是佛说。"然则言本是一，而胡汉分音；义本不二，则质文殊体。虽传译得失，运通随缘，而尊经妙理，湛然常照矣。

梵汉语言虽然发音不同，语法有异，至其本义无有差别，这就保证了翻译的正当性，中国人把大量的梵文经典都翻成汉文，也就是以此为据。《胡汉译经音义同异记》也提到文字的问题：

昔造书之主凡有三人：长名曰梵，其书右行；次曰佉楼，其书左行；少者苍颉，其书下行。梵及佉楼居于天竺，黄史苍颉在于中夏。梵佉取法于净天，苍颉因华于鸟迹。文画诚异，传理则同矣。

"梵"即印度最高神梵天（Brahmā），所作文字即梵文，从左往右写；佉楼（Kharoṣṭhī）是印度仙人，所作佉楼文字曾流行于古代印度、中亚一带，从右往左写；这两种文字都横写，苍（仓）颉所作汉字则竖写。可文字的不同并不影响传道，再次保证了翻译的可行性。比僧祐稍晚的慧均的《无依无得大乘四论玄义记》中，就把这三个人进一步称为"三兄弟"，梵是大兄，苍颉为小弟，这样虽有大小长幼之序，梵汉已然成为同种同祖了。

既然中国人可以把梵经翻成汉文，那么，日本人当然也可以把汉文翻成日文，这也是训读的理论根据。且既然所有的语言、文字是平等的，也可以造出假名这个日本文字。假名是汉字的简化字，不算是独创。世界上绝大多数文字的形成都是约定俗成，不能说何时何人所作。而东亚却有不少文字是在特定时地环境下有人有意的创造，如契丹文字、女真文字、西夏文字、八思巴文字及朝鲜训民正音（韩文字），这大概也跟佛教的思路有关。

2．从梵汉同祖到梵和同一

前面说明由梵经汉译到汉经训读的发展，这不仅是语言的问题，同时也对古代日本的思想以及世界观产生了很大的影响。这扩大了中国的梵汉同组论，以为梵文、汉文、和文（日文）是同等的，进而认为整个世界由天竺（印度）、震旦（中国）、日本三国组成，这就是日本独特的三国世界观。而挂钩语言、思想、世界观的媒介就是悉昙学。平安末期的天台僧明觉（1056—1106）在他的著作《悉昙要诀》中对照梵字和假名画成五十音图并说："（印度、中国、日本）三朝之言，一言未出于此五十字矣。"主张三国语言同出一源。日本的悉昙学与其说是语言学，还不如说是一种哲学，且带有浓厚的神秘色彩。因为近代以前没有一个日本僧人去过印度，也几乎没有人听过实际的印度话，他们对印度文字、语言的研究没有具体依靠，难免走向抽象化。佛教密宗本来有一种神秘思想，认为梵文每个字都代表特定的佛或菩萨。密宗在中国到宋代以后渐趋式微，而在日本继续发展，悉昙学可算是密宗中的一门学问。

发展明觉三国同一思想的是镰仓初期的名僧兼和歌（日本古典歌曲）作者慈圆（1155—1225）。慈圆在他的和歌集《拾玉集》所讲述的歌论中说："孔子之教、作汉文之道都很好，可离开大和语言（日语）无法领略。"（原文为日语，下同）慈圆在这里把范围从佛教扩大到"孔子之教"（儒家）、"作汉文之道"（文学、历史等），主张这些都可以用"大和语言"（指训读）理解，肯定了训读的价值。慈圆接着又说："梵语却近，与大和语言相同。"主张梵语和日语是同类语言。

这个说法现在看来当然是错误的，梵语属于印欧语系的屈折语，日语则属于阿尔泰语系的黏着语，是完全不同系统的两种语言。可是古人不懂现代的语言学，古代日人通过梵经汉译的知识，梵语颠倒就成汉语，汉语再颠倒则为日语；梵语是复音节，汉语是单音节，日语也是复音节，就理所当然地得出梵语和日语是同类语言的结论，进而又认为印度、中国、日本是同等的国度，这对他们来说，完全是合情合理的。慈圆最后说："唯有歌道能成佛道。"主张日本和歌是合乎佛教的。慈圆以后，无住（1226—1312）在《沙石集》中进一步主张和歌等同于佛教陀罗尼，圣冏（1341—1420）的《古今序注》甚至认为日本神代（神话时代）的语言是梵语①。

①伊藤聡.梵・漢・和語同一観の成立基盤[M]//院政期文化研究会.院政期文化論集1：権力と文化.東京：森話社，2001.

3．本地垂迹说

日本固有的宗教叫神道，神道的形成受到佛教的深刻影响。其中最重要、影响最广泛的宗教思想就有"本地垂迹说"，与梵和同类说互为表里。所谓本地垂迹说的内涵是：日本固有神的本地在印度，日本神是印度的佛、菩萨所垂迹的"权现"（化身），是一种佛神合一思想。例如本地垂迹说中日本神道的最高神天照大神（天皇的祖先）是佛教大日如来的化身，八幡神（神话中的应神天皇）是阿弥陀如来的化身等等。后来神道盛行以后，又提倡"反本地垂迹说"，颠倒主客，主张日本才是佛和菩萨的本地，佛、菩萨是日本神的化身。直到明治维新以后，日本政府以神道作为国家主导思想，实行"排佛毁释""神佛分离"政策，本地垂迹说才算告终。可至今日本很多寺院都设有神社，是本地垂迹说的遗响，可见其影响深远。

有趣的是，本地垂迹说和反本地垂迹说的产生与中国的佛教与道教之间的争论有不谋而合之处。佛教传入中国不久的后汉晚期，就有老子出关后去印度成为释迦之说，后来西晋道士王浮伪撰《老子化胡经》宣扬此说，影响颇广，到元代被认为是伪经，列为禁书。现在敦煌文书中仍有其抄本。

而老子化胡之说一出，佛教方面也不甘心，以其道还治其身，南北朝时伪造《清净法行经》，凭空杜撰了释迦派三位弟子去中国分别成为老子、孔子、颜回之说。另有《法灭尽经》则说三位弟子所化的是老子、孔子、项橐①。这些伪经早已传到日本，日本的本地垂迹说从中受到启发，也未可知。

中国的道佛争论的背景，还有一个重要的论点，是中土、边土的问题。自古以来，中国自居天下中心，自称中华。而佛教徒认为印度才是世界中心，中国反而是边土。此一争论从六朝一直延续到唐代，对中国人的世界观产生较大的影响，也传到日本。梵和同类说和本地垂迹说也可视为中边争论在日本所引起的一种反应。其实，印度人并没有以印度为世界中心的思想。中边争论可以说是中国人执着于中华思想的心态所产生的副产品。

梵和同类说和本地垂迹说，从另一个角度来看，无非是借着印度的宗教权威，试图给日语和日本的固有神一个存在证明，要抬高其地位。其中隐现的乃是对中国的潜在对抗意识。对当时的日本来说，所有的文化包括文字，都来自中国，连印度佛教也通过中国才传到日本。因此，要跻身于文明国家之列，必须全面吸收中国的文化。不过，如果过度受到中国的影响，则将面临丧失固有文化，甚至国家灭亡的危险。因此，在积极吸收中国文化的同时，也须要适当的防备和警惕。相对而言，印度很遥远，虽然是佛教的故乡，却几乎没有现实的关系，可以任意遐想。即使说日本神的本地在印度，反正印度人也无法知道。因此，梵和同类说和本地垂迹说的真正目的，可以说就在于借用印度的宗教权威，抵制中国的影响，保持日本的国体。

---

① 金文京.項橐考——孔子的傳說 [J]. 中國文學學報，2010，1（1）.

展开梵和同一说的慈圆，曾与当时有名的和歌作家藤原定家合作，把日本人最喜爱的唐代诗人白居易的一百首诗改为和歌，这就是《文集百首》（文集指《白氏文集》）。在《文集百首》的跋文中，慈圆说白居易是文殊菩萨的化身，来表示对白居易的崇拜，最后却加了一首和歌："唐国やことのは風の吹きくれば、よせてぞ返す和歌のうら波。"意思是："唐国之言风吹来，用和歌的波浪退回去。"由此可见他对中国的正反两面态度。

借用印度的权威对抗中国的思考方式，也正是汉文训读的思想。训读以梵语和日语的同一性作为依据，把汉文翻成日文。在本地垂迹说盛行起来的平安时代后期（10、11 世纪），训读的范围从佛经扩大到中国典籍，且训读的方法、符号系统愈趋精密。在那以前，只有难读的部分才用训读，到此时全文都施加训读的习惯相当普遍。这样训读已经不仅仅是解读汉文的辅助手段，而且成为可以跟原文的汉文分庭抗礼的日语文体了。慈圆说儒家等中国文献都可以通过训读领略，就是这个意思。

现在的日本人阅读中国古典，都毫无疑问地运用训读，背后自有其思想演变的历史。而随着思想演变，训读的方法也有变化。下面要把训读方法的演变史分为四个阶段，即草创期、完成期、新展开期以及明治以后，加以具体考察。

五、训读的演变

1. 草创期的训读——从奈良末期到平安中期

① 阅读与书写——符号使用以前的训读

学界一般认为训读肇始于奈良时代末期（8世纪末）到平安时代初期（9世纪初）之间的佛教寺院里。这只是说这个时候才有用训读符号或假名，因而能够证明训读的资料而已，那之前如何？一般认为跟中国人一样直读。可是按常情，某一时期忽然出现用符号的训读显然是不合理的，之前应该有没有用符号的训读阶段。

古都奈良的皇家宝库正仓院素以藏有大量唐代文物闻名内外，其藏品中有光明皇后（701—760）御笔《杜家立成杂书要略》抄本，此书为初唐文人杜正伦所撰的书仪（书信范文集），由36篇往返书信范文结集而成，在中国早已失传。其第一篇题为《雪寒唤知故饮书》（图11），是下雪天为了邀请朋友喝酒而写的书信。光明皇后不需要写这样的信，只把它作为书法摹本罢了。

十几年前，东北宫城县多贺城的奈良时代遗迹中发现了抄写此书一部分的木简。当时日本制纸技术不发达，纸张是珍贵的，一般书写包括官方文书多半用木简。多贺城位于当时日本的北境，为了防范北方夷人而设，抄写此书的大概是驻扎此地的官员或军人。而

第一篇的题目却写成"雪寒呼知故酒饮书"（图12）。书写者可能认为光说"饮"不知道饮什么，于是自作聪明地加了"酒"字，却按照日文语序写成"酒饮"。且把原文的"唤"字改写成"呼"字。"唤"和"呼"虽然是同义字，用法还是有差别的，用书信叫人只能用"唤"，不能用"呼"。可是日语的训读没有差别，都是"よぶ"（yobu），显然，书写者读此一句时用了训读，以致误写。由此足以推测，当时日人已经用训读来阅读中国文献。

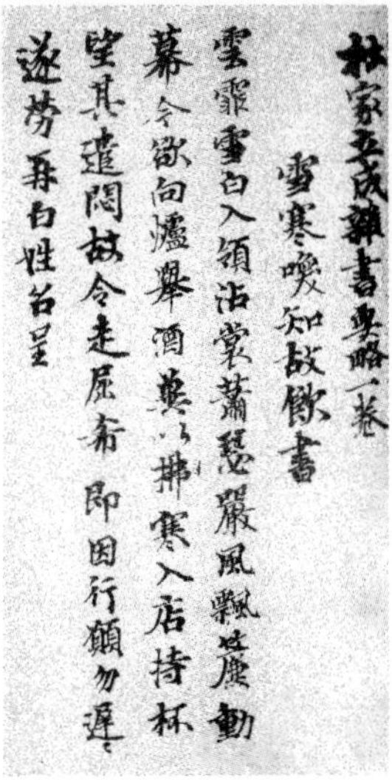

图11　正仓院本《杜家立成杂书要略》。见《昭和五十七年正仓院展目录》（奈良国立博物馆，1982）。

② 指示阅读次序的数字——语顺符

既然用训读来颠倒原文的语序，用符号较为方便。早期所用训读符号可分为数字和句读。先说数字。奈良写本《续华严经略疏刊定记》（大东急记念文库藏）是目前能看到最早的训读资料之一，是《华严经》（八十卷本）的注解，唐代慧苑所撰。今只存卷五《明法品》的15张。全书用墨笔、白笔（用白色胡粉）、朱笔、角笔（用竹尖不蘸墨压在纸上，留下字痕，70页）施加句读或订正符号，加符号的年代由卷末识语可知在延历二至七年（783—788）之间。

【釈　文】

A・「杜家立成雜書要略□□書□□□□〕
　　〔略雜々〕

B・「杜家立成雜書要略一卷雪寒呼知故酒飲書×

图12　多贺城《杜家立成杂书要略》木简。日本东北历史博物馆藏。

其中处处有训读符号（图13）：

按前问中有三句.今此答中品有两句.由束问中初二句为一句故也·（第十三纸）

数字在文章的右傍（上面）写"一"到"五"的号码，

"一""二""三"都是用"·"来表示。前面没有数字的两句说："前面的问题有三句，而现在这个回答只有两句。"（此两句易懂，所以不加符号）后面有数字的一句说明理由，读法是按照数字："问中初二句（一）束（二）一句（三）为（四）由（五）故也"也就是说："把问中初二句束做一句的缘故。"再举一例：

　　　　　三－二
　　二者因彼乐乘便为说一切诸法本来寂
　　　　　二－一
　　静不生不灭（第十二纸）

　　数字在文章左右（上下）。右傍（上面）读法是："彼（一）乐（二）因（三）"；左傍（下面）是："便（一）乘（二）"。这里的数字不仅表示倒读，也表示顺读（彼乐），因此叫"语顺符"。早期的训读资料中"语顺符"用得比较多。《续华严经略疏刊定记》中加语顺符的有34处，并不是全文都加语顺符。大概阅读者感到不易懂的地方才加符号，是为了自己备忘，不一定给别人看。

图13 《续华严经略疏刊定记》

有时也兼用表示上下两字倒读的"レ"和数字。如卷末有光明皇后天平十二年（740）愿文的《四分律》卷十八（庆应义塾大学斯道文库藏）就有白笔的符号：

```
  二                          一
见他夫主共妇呜扣 - 摸身体捉捺乳
  レ     二    一二三一
```

"扣 - 摸"之间的"-"叫"合符"，表示上下（左右）两字是一个词"扣摸"。左右（上下）两边的数字表示不同的结构层次，先读左边（下面），后读右边（上面），就读为："他夫主妇（レ）共呜，身体（一）扣摸（二）乳（一）捉（二）捺（三、右一）见（右二）"，意思是："看到她的丈夫跟妻子呜（亲口），扣摸她的身体，捉弄乳房。"佛经中竟然有这种文字，真是匪夷所思。

③ 句读点

为了隔开文中的句和句或表示停顿，自古以来就用"。""·"","等符号，正如现在的句号、逗号，就叫句读（日语叫"句读点"）。只是古代的书并没有句读，句读一般是读者阅读时用红笔自己随读随加的。能不能正确断句加点，要看读者的阅读能力，因此，读书等于"点书"（宋代以后的刊本，也有为了读者方便，刻印时已加句读的）。中国的句读都在字的右下或下面中间，从来没有加在字的左下。可是平安初期的佛经里面就有字的左下加点的例子，这不是句读，而是倒读符号。例如东大寺本《成实论》在天长五年（828）所加的点就是如此（原文竖写）：

若怜愍心为利益．故苦言无罪˙（卷十二）

"益"字左下的"．"表示倒读，读为"利益为"，最后"罪"字右上的"．"是句点。这就是利用中国人所不用的左下的点来作为训读符号。日本的训读也可以说是中国人读书时随读随加句读习惯的援用，因此，训读符号也叫"训点"（其实，训读符号并不是点），"加训点"就是训读。

④ 送假名和"ヲコト（okoto）点"

训读除了颠倒符号或语顺符之外，还需要表示助词或语缀的"送假名"。下面是平安初期用白笔加"送假名"的《梵网经》卷上（醍醐寺藏）：

伊　己止豆　　奴　尔
一切论一切行我皆得入生佛家坐佛地。

二　一

左边（下面）有语顺符的地方读为"佛地（一）坐（二）"，右边（上面）的汉字是表示日语助词、语缀的"送假名"。因当时还没有省写汉字的假名，直接用汉字（叫"万叶假名"），分别为"伊"（i，表示主语）、"己止"（koto，名词化）、"弓"（"底"的别体字，te）、"奴"（nu）、"尔"（ni）。这样可以读为："一切论一切行我（伊）皆入（己止）得，佛家生（弓）佛地（尔）坐（奴）。"只要有"送假名"，即使没有符号也可以颠倒语序，如"入"字既然加了表示名词化的"己止"（koto），可以猜到是"得"字的宾语，因此要颠倒。

可是这样用整体汉字作为"送假名"有很多不便之处，第一，字和字之间很狭窄，整体汉字比较占空间不易写；第二，容易与原文的汉字混淆；第三，佛经是神圣的、宝贵的，纸上写原文以外的字既不雅观，也是对佛经的一种亵渎，"送假名"用白笔或角笔写就是为了避免这个弊端。可是白笔、角笔写的字不容易辨认，且容易湮灭。于是就用只取汉字偏旁的省体字，这就是片假名，如"ア"（阿）、"イ"（伊）、"ウ"（宇）等。用片假名就比较容易跟原文的汉字分别，且不占太多空间，片假名是专门为了训读而产生的字体。平假名则是汉字的草体再加简化，如"あ"（安）、"い"（以）、"う"（宇）等，是专门书写日文的文字。

后来有人发明了更简单有效的方法，就是"ヲコト（okoto）点"。所谓"ヲコト点"是在汉字四周或中央打个点，以点的不同位置来表示不同助词、语缀的方法。这样就不必写字了，先把每个助词、语缀和相应的汉字四周的位置画成图，训读时，按图索骥，在需要的助词、语缀相应的位置上打个点就好，阅读时看了点的位置，然后在图上找相应的助词、语缀，得到读法。这样的图就叫"点图"。

当时佛教各个宗派，以及朝廷的儒家博士都各自制造自家所用的点图，每家的点图都不一样。其中朝廷里世袭担任"明经道"博士的清原家所造的"明经点"，担任"纪传道"（文章道）博士的菅原家所造的"纪传点"的点图后来最通行，而"纪传点"汉字的左上是"ヲ"（o），"ヲ"的下面是"コト"（koto），因此一般把这种方法称为"ヲコト点"（图14）。

⑤ "ヲコト（okoto）点"的来源

"ヲコト点"在平安初期的佛经抄本中已经出现，后来成为最通行的训点，也可以跟其他的训读符号兼用。它的来源是什么呢？室町

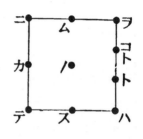

图14 "ヲコト点"（纪传点）。见中田祝夫《古点本の国語学的研究 総論編》（大日本雄辩会讲谈社，1954）。

时代的桃源瑞仙在《千字文序》中说："凡倭人之读书，非若梵汉之直下讽咏而会之。盖带其意自下而反上，谓之反点矣。古大儒朱焉黑焉，□而以定。有纪点焉，有经点焉，如所谓四声圈儿之图也。"文中"□"是汉字四周的框子，"纪点""经点"就是"ヲコト点"，那么"四声圈儿之图"是什么？

大家都知道有些汉字按照字义的不同读为不同的声调，如"为"字在"行为"时读 wéi（阳平），"因为"时读 wèi（去声）。

陛下勿得憂也。歡大喜。即命司馬懿興師征討公孫淵懿辭朝出城引原領戰將並本部軍馬而去。却說魏先鋒胡遵引前部兵到遼東界下寨。人報知公孫淵淵令卑衍楊祚令

图15 《三国志演义》（明嘉靖本）的圈发，第二行"朝"（cháo）、"将"（jiàng）

这样的字为数不少，音韵学把它们叫作"破音字"。而古代就有在破音字的四旁加个点或圈来表示其声调的习惯，叫"圈发"。最早见于唐代张守节《史记正义·发字例》[1]，敦煌文书中可以看到很多例子，宋代以后更为普遍。加圈位置唐代和宋以后有差别。宋以后的一般习惯是，左下为平声，左上为上声，右上为去声，右下为入声。如明代的《永乐大典》或《三国志演义》的最早版本（明嘉靖本）上，每逢破音字不惮其烦地必加圈发（图15）。这个中国的书写习惯也早已传到朝鲜及日本，日本就叫"声点"。桃源瑞仙所说的"四声圈图"就指这个"声点"。

圈发（声点）和"ヲコト点"都利用加在汉字四周的符号，且两者不同于句读点，都附在汉字的笔画上。由此而推，"ヲコト点"援用圈发是大有可能的，桃源瑞仙说"ヲコト点"类似声点，恐怕他也有这个意思吧。中国人明确认识到汉语有四个声

---

① 参看清钱大昕《十驾斋养新录》卷五《四声圈点》。

调，始自六朝时期，是从佛教悉昙学中受到启发的，圈发的发明也应该跟佛教有关。而这一点，跟佛经阅读中发生的训读不无类似之处了。

2. 完成期的训读——平安中期到末期

① "ヲコト点"的读法——以《白氏文集》为例

到了平安中期（10世纪），兼用"ヲコト点"和语顺符等其他符号成为训读的主流方法，"ヲコト点"所用符号也更为复杂了，且不仅是佛经，儒家经典或文学书也都用这个方法来阅读。下面就用白居易《白氏文集》抄本（京都国立博物馆藏）卷三《新乐府》的开头部分"序曰：七德舞，美撥乱，陳王業也"（图16）来具体介绍阅读的方法[①]。加点年代为平安末期的嘉承二年（1107），加点者是博士藤原茂明。

a. 首先"序"字左上、左下的点，看点图分别相当于"ニ"（ni）和"テ"（te），前者读为"序 ni"，后者补"シ"（shi）字，读为"序 shite"。前者把"序"读成名词，意谓"在序"，后者读为动词，意谓"作序"，提出两种解释。

b. "曰"字下面的点是句读点，不是"ヲコト点"。虽无"送假名"，应读为"曰（iwa）ku"。

---

① 太田次男，小林芳規.神田本白氏文集の研究 [M].東京：勉誠出版，1982.

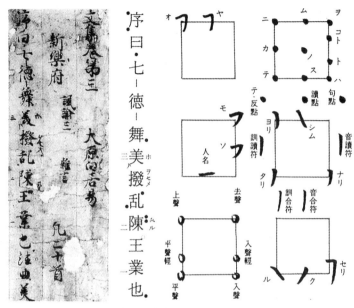

图16 《白氏文集》抄本《新乐府》及其点图

　　c. "七-德-舞"的"-"是合符，表示这三个字是一个词。"舞"字右下的点相当于点图的"ハ"（wa），表示主语。

　　d. "美"字右边的"ホ"（ho）是字训，补个"メ"（me）字，读为"home"（赞美的意思）。左下的竖线相当于点图的"タリ"（tari），表示终止形，就成为"hometari"（赞美了）。左旁"三"是语顺符，表示这个"美"字是最后读的。

　　e. "撥"字右边的"ヲ七メ"（osame）是字训（"治"的意

思），其中"七"是"サ"的变体假名（204页）。

f."乱"字右上的点相当于点图的"ヲ"（o），表示宾语（名词），左下的点相当于点图的"テ"（te），是动词语缀。"乱"是名词，不能加动词语缀，所以"テ"（te）是上面"撥"的语缀，就要颠倒过来，读为"乱 o 撥 te"。

g."陳"字右下的"爪ル"（suru）是动词语缀，其中"爪"是"ス"的变体假名。右上有两个点，上点相当于点图的"ヲ"（o），下点相当于点图的"コト"（koto），就读为"陳 suru koto o"。左旁"二"是语顺符。

h."王"字右上的圈是圈发（声点），表示读为去声（wàng），"王"字读去声是动词。所以"王業"不是"王之业"，而是"做王之业"的意思。"業"字左旁"一"是语顺符。虽无"送假名"，因前面"陳"是动词，"王業"是宾语，应该补个"ヲ"（o），读为"王業 o"。

i.最后"也"字不读，右下点是句读点。

j.凡是右傍没有字训的字，都用音读。

通过以上程序，此句就可读为："序 ni（shite）曰 ku：七德 舞 wa，乱 o 撥 te，王業 o 陳 suru koto o 美 tari"顺理成章地把原文翻成日文。这个《白氏文集》抄本全书都用同样的方法施加训读，以便不熟悉汉文语法的读者也能够理解内容。中国人大概会想，这么简单的句子还要这么复杂的过程才能理解，真可笑。

其实，这种方法自有其优点。中国人读这一句，一般认为意思是："七德舞是赞美拨乱，陈述王业的。""美拨乱"和"陈王业"是并列句。可是上面训读的解释不一样："七德舞赞美拨乱及陈王业。"也就是说七德舞所赞美的对象是拨乱和陈王业。这个解释到底对不对，暂且不论，重要的是训读可以明确地分析文章结构，能够给读者提供读法和解释。

② 训读文体的独立和秘传性

奈良时代末期出现的用符号的训读，范围只限于佛书，而且是汉文水平不甚高、没有能力直读的人的辅助手段，只在难读的地方才施训读，符号的使用也没有一定的规矩。总之，是属于个人的，并不是公共的。可是到了平安末期的十二三世纪，训读的范围已扩大到整个汉文文献，包括日本人所撰的《日本书纪》等书，且全文都要施加训读，符号的使用也渐趋规范化。训读已经不再是个人的备忘，而成为公共的信息载体了。

原因之一是这个时期的日本废止了遣唐使，跟中国的关系不如之前那么密切，知识分子阅读汉文的水平也不如以前，很多人只有通过训读才能了解汉文。不过，更重要的原因是通过梵文和日文的对应关系，大家开始认为训读已不仅仅是理解汉文的手段，汉文训读和汉文本身具有同等的价值。有人把这个时期叫作"国风时代"，所谓"国风"指的是和歌。当时中国的汉诗和日本的和歌是同等的，和歌甚至胜过汉诗，因为和歌等同于佛教的陀罗尼。汉文和训读的关系亦当如是。

换句话说，此时的训读已成为独立的文体，因此，除了翻译是否正确地反映原文内容之外，训读本身的读法、用词也都成为关注的对象了。从这一点来说，"ヲコト点"应该是很合适的方法，因为它既可以明晰地分析原文的文章结构，也可以仔细指定每个字的日文读法。

可是，"ヲコト点"却有一个毛病。前面已说明，图示"ヲコト点"位置的点图有很多种，诸如佛教各个宗派，奈良南都系统的三论宗点、喜多院点，天台宗的西墓点、仁都波迦点，真言宗的东南院点、圆堂点等，还有朝廷博士家的明经点和纪传点，宗派之间点法不同，儒佛之间互有差异。如果事前没有点图，不知道点法，就无法解读根据那个点图所加点的训读文献。而这些点图都是各个宗派、各个博士家严格保密的，除非你是升堂入室的弟子，否则无法得到。

这与当时传授学术的方法有密切的关系。此时不管是寺院还是朝廷博士家，都注重师承的教统、学统，教义和学术的奥旨都在师生、师徒之间秘传。宗教和学术都是封闭的，带有浓厚的神秘色彩。"ヲコト点"是这种氛围之下的产物。可是到了镰仓时代（13世纪）新的开放的佛教和儒家思想兴起了以后，"ヲコト点"就变为不合时宜的东西了。此时正当木版印刷的开创期，而"ヲコト点"也不适用于这个新的文明利器，因为要在木版上刻微小的点来区别读法是极为困难的。

③ 角笔——隐秘的文字

前面几个地方提到"角笔",绝大多数的中国人恐怕都不知道是什么东西,连听都没听过。角笔是木头、竹子或象牙所做的笔,削尖一端,不蘸墨水,直接用尖端压在纸上,使纸张凹进去(图17)[1]。用角笔写字,因没用墨水,纸张颜色不变,就不容易看得出来,照在光线下,才能辨认,便于写秘密信、情书,或考试作弊等不便于公开的隐秘文字。日本留存了自古代一直到现代的大量角笔写的资料,足见其普遍使用。其中不少部分是用假名标汉字的读音、送假名或符号等有关训读的资料(图18)。用角笔写训读文字、符号既可以不污纸面,也便于保密,符合训读的目的。

除了日本以外,韩国(101页)、越南,甚至欧洲也存在用角笔写的资料。中国方面,日本有些学者说居延汉简、敦煌抄本有角笔文字,只是没有经过严密的验证,尚待将来进一步考察。希望中国学者往后关心这一问题。

图17　竹制角笔(19世纪)。日本松山东云女子大学西村浩子教授提供。

---

① 小林芳规. 角筆のひらく文化史:見えない文字を読み解く [M]. 東京:岩波書店,2014.

3．训读的新展开——镰仓时代到江户时代

①"ヲコト点"的式微和新的训读方式

到了镰仓时代，法然的净土宗、亲鸾的净土真宗、日莲的法华宗等新的民众佛教纷纷兴起，中国又传来了新的佛教即禅宗。而且由于武家幕府政权的成立（此后的镰仓、室町、江户时代都由武士阶级掌权），之前被"公家"（贵族）

图18　角笔文字。"惘"字右边红笔写"バウ"（bau），又用角笔写"ボウ"（bou）。"バウ"是古典音，"ボウ"是实际的发音。西村浩子教授提供。

和依附贵族的旧派佛教所独占的学问，便普及到广泛的武士阶级和部分商人阶级，打破了以往封闭的局面，出现了更为开放的文化情况。与此同时，木版印刷也慢慢兴盛起来，对学术和文化的普及起了很大作用。

在这种时代变化的情况之下，保密性很强的"ヲコト点"渐被遗弃，取而代之的是只用"レ点"、数字和"上、中、下"等符号以及"送假名"的新方式，这样就不必用点图了，也便于出版。"ヲコト点"到了江户时代，除了少数贵族以外，已没有人使用。

② 关于训读的新思考——指向直读

对新的训读方式的产生，首先做出重要贡献的是禅僧。在镰仓、室町时期（13—15世纪），大量的禅僧留学到宋元明，其人数远远超过遣唐使的时代。很多人在中国待了较长时间，能通汉语会话，禅宗语录多用白话也引起了他们对口头语言的兴趣。还有不少中国的禅僧东渡到日本，他们带来了禅宗以及各方面的新文化，包括水墨画、饮茶习惯、宋代文学以及朱子学等等。当时设在镰仓和京都两地的"五山"（禅宗最高级的五所寺院，原来是南宋的制度）成为日本禅宗以及所有文化的中心地。其中，对新的训读方式影响最大的应该是朱子学。

在日本首次讲说朱子《四书集注》的是京都五山之一东福寺的禅僧岐阳方秀（1361—1424），岐阳对《四书集注》所加的训点，后来由桂庵玄树（1427—1508）改订，再由文之玄昌（1555—1620）完成，"文之点"的《四书集注》就成为江户时代阅读《四书集注》的基础，对朱子学的普及起了重要作用。

桂庵也写过有关训读的文章，题为《桂庵和尚家法和训》，文中说："读文字时，最好没有落字，依着唐韵来读。其缘故是偶尔背诵了一句半句，却无法知道置字是何字，不免遗憾。"（原为日文）所谓"落字""置字"是原文中训读时不读的字，主要是助字，如上面介绍的《白氏文集》中的"也"字。他的意思是，如果用训读来背诵文章，因为掉了"落（置）字"，不知是什么字，无法回复原文。所以应该用"唐韵"（指当时的汉语）

来直读，这样可以读所有的字。

③ 汉文能力的提高

桂庵的说法就与以前认为训读跟原文可以分庭抗礼、用训读可以完全理解原文的想法大不相同了。且桂庵进一步主张应该用当时的汉语来直读，这无非是多数禅僧留学中国，学习汉语的结果。桂庵本人也于1467年（明成化三年）留学明朝，前后待了七年之久，应该会说汉语。亲自去过中国，能通汉语口语的人，对训读的功能感到疑惑，是很自然的事。

桂庵特别留意的是助字的问题。以往的训读中"而""也""之""矣"等的助字一般都被省略不读，所谓"落（置）字"就是。这些助字看似与文意无关，但要理解原文微妙的意思，还是很重要的。且作文时助字的有无、合不合适对文章好坏会起到关键性作用。桂庵能悟于此，可见他的汉文水平不同凡响。《桂庵和尚家法和训》对每个助字的功能有详细的说明。至于那以前的训读为什么不读助字，自有其理由。早期的人可能认为汉文的助字可以由日语的助词或语缀来代替，不必全部要读。这一方面可以说他们对汉文助字功能的理解不透彻，可从另一方面来说，早期的训读是独立的文体，并不完全依靠原文。

室町时代最有名的文化人之一，一条兼良（1402—1481）虽为贵族，却是禅僧岐阳方秀的学生。他在《大学童子训》中说："必须要背诵本经，可是如果背诵时落了字，无法知道其字，无益于作文。"（原为日文，下同）他的意思跟桂庵相同，且明确指出训读的背诵不利于作文。他接着又说："且置字虽为虚词，如果放在恰当之处，可变为有体的字。"那以前日本人写的汉文往往有所谓"和习"（受日语影响的不正确的文章），助字的用法尤有问题，一条兼良跟桂庵一样，能了解助字用法的奥妙，意味着当时日本知识分子汉文能力渐有提高。

④ 朱子学的世界观和训读

桂庵指向汉文直读的另一个背景跟朱子学的世界观有关。桂庵和一条兼良施加训点的不是佛经，而是以"四书"为代表的新的儒家经典。前面已经说明，佛教的世界观跟传统儒家的世界观不同，认为印度和中国是对等的，甚至把印度作为世界的中心，日本就利用了佛教的世界观，编造出天竺、震旦、日本三国对等的世界观，以此保证训读的独立性和优越性。

可是朱子学不但继承且进一步强化了儒家传统的中华思想，特别强调"华夷之辨"。这就反映了朱子生存的南宋时期北方被女真人的金朝征服，仅能维持半壁天下，那以后也受到蒙古、满洲少数民族统治的情况。中原王朝越处于劣势，华夷思想越趋向抽象，且更加偏激。"尊王攘夷"就是朱子学的口号[1]。

可是日本人接受朱子学，并不意味着他们尊敬中华，自视为夷狄。相反，他们利用了朱子学的中华思想，强化了自古有之的以日本为中心的思想，形成了日本的中华思想，把"尊王攘夷"的"王"看成日本的天皇，反而把中国视为夷狄。后来战国、江

[1] 参见叶采《近思录集解》、吕柟《四书因问》。

户时代，欧洲人漂洋过海来到日本，当然也被纳入夷狄之列，蒙受诬称"南蛮"了。众所周知，"尊王攘夷"曾是推动明治维新最具号召力的口号。这样一来，天竺、震旦、日本三国对等的世界观已然无法成立，势必要突出日本神国的国粹主义。前文所介绍的"反本地垂迹说"（53页）的出现，也正是在这个时期。训读和汉文的对等关系也失去了理论根基，之后训读再次沦为翻译手段。

可是，一条兼良跟桂庵不一样，他并没有主张用"唐韵"（汉语）来直读，因为当时没有这个条件。能通汉语的禅僧虽然增加了，整体来看还是极少数。何况跟中国能够自由来往的时代很快就过去了，明朝实行海禁，到了江户时代（17—19世纪）幕府也推行锁国政策，严禁国人出境，也限制外国人入境，只允许中国、荷兰的商人到唯一的开放港口长崎做贸易而已。在这种互相封锁的局面之下，训读在当时的社会已经普及，要读汉文舍此无途，无法取消了。

于是一条兼良就说："读本注的时候，可以不读'而''之'等助字，这样助字成为徒然的东西，人们无法了解深奥的义理。因此，要学新注的人，应该背诵所有的字，缺一字不可。"所谓"本注"指唐以前的古注，"新注"是朱子的注解。他分开旧注和新注，建议旧注的训读可以用以前博士家的训点，不读助字，可是新注的训读应该要读所有的字。这算是一种折中之策，却决定了往后训读的走向。

⑤ 江户时代的训读

镰仓、室町时代所产生的对训读的新思考，到了朱子学成为主流思想的江户时代有什么样的发展？首先，以前传授朱子学的主要是禅僧，到江户时代就出现了专业的儒学者。江户初期最有名的儒学者林罗山（1583—1657），当初在京都五山之一的建仁寺学习，却没有出家当和尚，离开寺院在民间活动。不过，后来他出仕德川幕府（江户时代实际上的统治机构）做儒官，幕府还是逼他做"僧形"，因为德川幕府继承了之前室町幕府的制度，担任文书行政的都是禅僧，而学者也被视为文书行政官之一。这意味着日本的朱子学并没能完全断绝与佛教的关系，保持儒佛并存的局面。虽然如此，相对而言，此时的朱子学已经脱离了禅宗的篱下，算是一门独立的学问。

下面把《论语》开头一句"子曰，学而时习之，不亦说乎"的三种不同训读法，即最早的平安时代"博士家点"、室町时代禅宗的"文之点"以及林罗山的"道春（林罗山的僧号）点"相比，来考察训读演变的一斑。"博士家点"不读助字"而"和"之"，作为"落字"；"文之点"则"而""之"都读，不留"落字"；"道春点"读"之"不读"而"，算是妥协的办法。"道春点"是江户时代最通行的训读，到了江户后期，随着儒学的兴盛，鹈饲石斋、山崎闇斋、伊藤仁斋、太宰春台、后藤芝山等很多儒学者都纷纷做了自己的训点，虽然各有特色，可是大体上都以"文之点"作为基础，"博士家点"的影响越来越淡了。也就是说，要读原文所有的字，不落助字，是全体的倾向。这样一来，训读对原文的依赖性越来越强，而训读的独立性就逐渐丧失了。

⑥ 训读废止论和唐话的流行

江户时代的训读趋向要读原文所有的字，其实是室町时代桂庵之说的延续。那么，桂庵的另一主张即用"唐韵"（汉语）来直读之论重新复苏，将是必然的结果。首先提出这个问题的是古学派的领袖伊藤仁斋之子，伊藤东涯（1670—1736）。他的著作《作文真诀》（1748年刊）中《置字有颠倒之失》一章就说：

> 四方之民嗜欲不同，言语各异，唯中原（中国）为得其正。国人（日本人）语言本是多倒，如曰饮酒，先呼酒而后称饮；如曰吃茶，先叫茶而后云吃，不如中国之称饮酒、吃茶。故其临文命字之间，动牵俗言（日文），不免错置，则难得华人（中国人）通晓。（括号内为笔者所补，下同。）

东涯从日本人作汉文的角度指出，日文跟中文语序相反，是作文的障碍。他说"唯中原为得其正"，可见他作为儒学者以中国为中心的世界观。接下来，他介绍明初宋濂（1310—1381）对日本训读的看法（《日东曲》自注）[1] 就说：

> 其国（日本）购得诸书悉官刊之，字与此间同。但读之

---

[1] 此文不见于宋濂的文集《宋学士文集》，是否本人之作，值得怀疑。

者语言绝异，又必侏离，顺文读下，复逆读而止，始为句。所以文武虽通，而其为文终不能精畅也。

接着伊藤东涯又举了梵文和朝鲜语的例子：

不特我（日本）为然，身毒（印度）、斯卢（新罗，即朝鲜）之书亦尔。《圆觉经》曰："不二随顺。"圭峰《疏》云："随顺不二也。西域语倒，译者回文不尽也。"《疏钞》云："西域语倒者，钟打、饭吃、酒饮、经读之类也。皆先举所依法体，后始明义用。……故译经者翻出梵语，后回文令顺此方，如云打钟、吃饭等。"又见朝鲜本《四书》，别书经文于上，各加谚文（朝鲜文），如"请学稼"章（《论语·子路》）先书"稼"字，次"学"字，次"请"字，下各加谚文。是知二国之言亦如我方之习也。

《圆觉经》已见前文（40 页）。朝鲜本《四书》经文后加谚文，指的是当时在朝鲜出版的"谚解"（朝鲜文的翻译），伊藤东涯虽然不懂朝鲜文，看到《论语》"请学稼"的"谚解"出现的汉字次序是"稼、学、请"，就知道朝鲜文的语序跟日文相同，与中文颠倒。《作文真诀》以作文为主旨，没有言及训读问题，可是他既然提醒日文语序跟中文相反不利于作文，对训读的看法也应该是否定的。

积极批判训读、主张要废止训读的是与伊藤东涯同时的古文辞派创办人荻生徂徕（1666—1728）。徂徕在他的《训译示蒙》（1766年刊）中说："今时因遵守和训常格，欲以和训知字义，以致不免隔一重皮膜。"（原为日文，下同）又云："今之学者欲为译文之学，当悉破除自古以来日本习来之和训及字之反。"所谓"和训"指训读（kun-yomi），"字之反"是训读（kun-doku），可见他明确主张要废止训读。那么，他推奖的"译文之学"是什么？

徂徕的另一部汉文著作《译文筌蹄》（1715年刊）就说："予尝谓蒙生定学问之法，先为崎阳（长崎）之学，教以俗语（汉语口语），诵以华音（汉语发音），译以此方之俚语（日语口语），绝不作和训回环之读。"所谓"崎阳之学"指的是汉语口语的学习。当时在长崎有能通"唐话"（汉语口语，实际上是南京官话、福建话等南方语言）的"唐通事"（翻译人员），以便跟来自清朝的贸易商人沟通。在闭关锁国的情况之下，很多知识分子都关心中国的信息以及新文化，就跟着"唐通事"学习"唐话"，唐话一时蔚然成风。徂徕也学习过"唐话"，主张汉文应该由"华音"直读，不应该用训读。

这跟之前桂庵用"唐韵"直读汉文的主张是一样的。只是徂徕的时代学习"唐话"的条件因锁国的关系远不如桂庵的时代，他们能接触中国人的机会少之又少，学习活的口头语言简直不可能。因此，徂徕的主张是没有现实基础的，训读还是废不掉。

可是，江户时代却拥有一个以前所没有的条件，那就是白话小说。桂庵的时代相当于中国的明初，白话小说还没有盛行，白话的禅宗语录只流通于禅宗圈内，影响有限。可是徂徕的时代已有大量晚明、清初的白话小说如《三国志演义》《水浒传》等由长崎进口到日本，供大家阅读，引起了知识分子很大的兴趣。问题是白话的文体、用词与汉文（文言文）不同，对他们来说是很陌生的。因此，当时的唐话热，与其说是要学习口头语言，不如说是对作为新文体的白话文的关心。训读有固定的方法和文体，不适于施诸白话文，所以当时《三国志演义》等的日译都不是用训读，而是翻成当时日语的口头语言，这就是徂徕所说的"此方之俚语"。徂徕的"译文之学"意味着用"华音"来直读汉文，不用训读，翻成当时的日语口语。这或许也受到朝鲜"谚解"的影响，"谚解"是把汉文翻成朝鲜口语的。当然，翻成口语也要颠倒语序，可是口语的文体跟训读体完全不一样。当时的训读已成为独特的文体，脱离了口头语言。

⑦ 训读无用论和一斋点

获生徂徕的弟子太宰春台（1680—1747）的《倭读要领》（1728年刊）继承了师说，却比徂徕的《训译示蒙》出版得早。其中《颠倒读害文义说》说：

> 日本人的言语皆颠倒了。中华人说："治国平天下。"日本人则云："国治天下平。"……把中华人先说的后说，中华

人后说的却先说。凡言语皆如此上下颠倒。此颠倒不仅我日本、中华之外，东夷、西戎、南蛮、北狄，言语虽各殊，然无不颠倒。今吾国之人把中华之书作为此方之语颠倒读之，以故害文义多矣。（原为日文，下同）

这跟前面东涯之说虽然相同，东涯说跟日语同样颠倒的只有梵文和朝鲜语，而春台扩大范围认为中文以外所有的语言都颠倒了。这么说，颠倒的到底是周围的诸多语言还是中文，就难说了。且东涯说的是作汉文的问题，春台则指出训读的弊病。接着，春台基于当时一般的说法，以为创造训读和假名的是奈良时代做过遣唐使的吉备真备（695—775）：

吉备公造国字（假名），创始倭语颠倒之读法，岂非给后来的学者啖以甜蜜的毒药？其毒已渗透到人之骨髓无可拔。若要除之，非学华语不可。华语乃中华之俗语也，即今之唐话。然则有志于文学者必须学唐话。

此说又跟他的老师荻生徂徕一样。可有趣的是，《倭读要领》有春台的汉文序，也极力提倡废止训读："倭语不可以读中夏之书审矣。"而此序竟然加了训点，让读者用训读来阅读，可谓说话不算数，言行不一。估计春台也只是把师说姑且言之而已，训读之不可废，"已渗透到人之骨髓"，他早已心里有数。春台也曾对《四书》施加过他自己的训点。

虽然如此，徂徕、春台等名流学者的影响还是不可忽视的，到了江户末期，训读的权威性和独立性越来越动摇了，这势必给训读的方法带来新的变化。这个时期的有名儒者佐藤一斋（1772—1859）对《四书》施加的"一斋点"可视为代表[①]。"一斋点"不仅跟"文之点"一样，要读原文所有的助字，且进一步把汉字尽量用音读，不用训读（kun-yomi）。

例如《论语》"人不知而不愠"的"不愠"在那以前都用训读，读为"ikarazu"（动词"ikaru"即"生气"的否定形），而"一斋点"却用音读，读为"unsezu"（"un"是"愠"的音读，"sezu"表示否定）。一斋为什么这样读？因为他的目的是通过训读回复原文，当时叫作"复文"。如果用训读读成"ikarazu"，那么训为"ikaru"（生气）的汉字，除了"愠"以外，还有"怒""忿""嗔"等多字，光凭训读无法回复原文的"愠"，而用音读，读成"unsezu"就不会有错了。这样，训读彻底沦为"复文"的手段、原文的附庸，已无任何独立性可言。

当时，"一斋点"虽然被批评为会破坏训读传统文体的格局，却依然得到了广泛支持。其背景是知识分子汉文水平的普遍提高。日本人通过一千多年不断的汉文学习，到此时，其中精英

---

① 齋藤文俊. 近世における漢文訓読法の変遷と一斎点 [M]// 中村春作，市來津由彦，田尻祐一郎，前田勉.「訓読」論：東アジア漢文世界と日本語. 東京：勉誠出版，2008.

阶级终于达到了跟中国士人差不多的水平。换句话说，水平较高的相当多数的人已不必依靠训读，就能直接了解原文。江户末期的学者江村北海（1713—1788）说："对能读无点之书的人来说，训点固然是无用之物了。"（《授业编》卷三，原为日文）

"一斋点"从江户末期到明治初年大为流行，也对明治时代成为主流文体的汉文训读体给予很大的影响。如明治初年的政治小说，东海散士的《佳人之奇遇》（1885）是用"一斋点"的训读体来写的。后来梁启超亡命到日本，把这篇小说翻成中文，题为《佳人奇遇》，在《清议报》上连载（1898—1900），开了中国近代政治小说的先河。梁启超不大懂日语，却能阅读且翻译日文小说，主要原因就在于它的文体用的是易于复文的"一斋点"汉文训读体，保留了大量的汉字[1]。

4. 明治时代以后的训读

① 用训读学习英文

日本全盘接受西洋文明的明治时代，汉文应该注定成为无用之物了，可事实并不那么简单。众所周知，很多西方文物、制度、

---

① 齋藤文俊．近世における漢文訓読法の変遷と一斎点 [M]// 中村春作，市來津由彦，田尻祐一郎，前田勉．「訓読」論：東アジア漢文世界と日本語．東京：勉誠出版，2008.
村山吉廣．漢文脈の問題——西欧の衝撃のなかで [J]．國文學：解釈と教材の研究，1980，25（10）．

概念的日文翻译都用汉文词汇，一直沿用到现在。正如中国人曾把所有的梵文佛经都翻成中文，日本人也把所有西方概念的词汇都翻成日语，其中汉文词汇占绝大多数。原因当然是当时推动西化的知识分子都曾经学过汉文，有良好的汉文基础。也因此，无论西人著作的翻译或介绍西方文明的日人著作，都用汉文训读体。这样，汉文的学习不绝如缕，仍然能够暂时保住命脉。加以西方活字出版的传入，带动了报纸、杂志等媒体的普及，专门登载汉诗、汉文刊物的增加，结果是汉文的普及度比之前的江户时代有增无减。

　　有趣的是，此时训读的方法被援用到英文的学习。到明治时代，之前汉文所占的地位，已然被英文、法文、德文等西方语言取代，其中英文尤为重要。而明治初年的很多英文课本，都采用训读法。例如明治四年（1871）所刊岛一德《格贤勃斯氏英文典插译》把英文的句子用训读来翻译（图19）：

ホルスト	ブーク	イン	グランマル
First	book	in	grammar
第一ノ㊂	書籍㊃	於テノ㊁	文典ニ㊀

　　第一行的片假名是原文的音译，第二行是原文，第三行就是翻译。而翻译的词汇后打的号码指示日语阅读的次序，就读成"文典ニ於テノ第一ノ書籍"，显而易见，这跟早期训读的语顺符的用法完全相同（59页）。当时把这种用训读的译法叫作"直

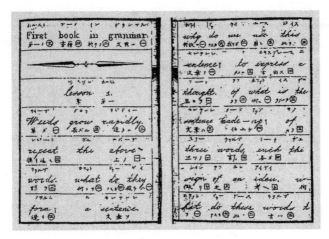

图19 《格贤勃斯氏英文典插译》。日本国立国会图书馆藏。见《〈文学〉增刊明治文学の雅と俗》(岩波书店，2001)。

译"，再把它用平假名译为更通顺的日文就称为"翻译"①。其实，用训读阅读西文，英文不是第一次。江户时代的"兰学"(通过来到长崎的"和兰"即荷兰商人传入的西学)学者也用过同样的方法来阅读过荷兰文。之所以没有用江户、明治时代通行的训读方法，却用早期的语顺符，大概是由于语顺符是最原始的符号，单纯且易于操作。江户、明治时代的学人不可能知道早期的语顺符，他们用语顺符是偶然的巧合。

当时的大学也似乎采用了这种训读的英文学习方法。东京大学的前身大学南校在1870年制定的学规里把英文课程分为"正

①龟井秀雄.「直訳」の時代 [J]. 文学，2000，1 (3) .

则""变则"两类。"正则"是外国人教员教发音、会话，直读英文；"变则"由日本人教员以"训读解意"为主。具体情况虽然不明，既然说"训读解意"，那么它的教学方法跟《格贤勃斯氏英文典插译》应该差不多吧。

③ 梁启超的《和文汉读法》

近代以前的中国人，除了极少数的例外，都不知道日本人怎么读汉文，即使知道，也不会关心，可能会感到好奇或看不起。因为当时的日本有需要向中国学习，而中国并不认为需要向日本学习。可是到了近代，情况完全逆转了。日本接受西洋文明比中国有一日之长，中国有向日本学习的必要了。中国人远赴欧美，学习西方语言较困难，而日本既近，又算是"同文"，阅读日人已翻译的现成的有关西方文明的著作，是合乎时宜的方法。于是很多中国人纷纷来到日本，经由日本吸收西方文明。其中具有代表性的人物应该是梁启超（1873—1929）。

1898年戊戌变法失败，梁启超亡命到日本。同年12月他创办了《清议报》，除了上述的翻译小说《佳人奇遇》之外，还发表了一篇文章《论学日本文之益》。文中梁启超极力提倡学日文的必要，说：

> 日本自维新三十年来，广求智识于寰宇，其所译所著有用之书，不下数千种。……今者余日汲汲将译之以饷我同人，然待译而读之缓而少，不若学文而读之速而多也。……

学英文者经五六年而始成，其初学成也，尚多窒碍，……而学日本文者，数日而小成，数月而大成，日本之学已尽为我有矣。……日本文汉字居十之七八，其专用假名不用汉字者，惟脉络词及语助词等耳。其文法常以实字在句首，虚字在句末，通其例而颠倒读之，……则已可读书而无窒阂矣。余辑有《和文汉读法》一书，学者读之，直不费俄顷之脑力，而所得已无量矣。……日本与我唇齿兄弟之国，必互泯畛域，协同提携，然后可以保黄种之独立，杜欧势之东渐。他日支那、日本两国殆将成合邦之局，而言语之互通，实为联合第一义焉。故日本之志士当以学汉文汉语为第一义，支那之志士亦当以学和文和语为第一义。

梁启超的方法就是要把日文颠倒成为中文，在日本人来看，这简直是训读的翻版了。值得注意的是，梁启超的目的并不限于阅读日本的书，通过日文的阅读，他进一步展望将来中日"合邦"，用以抵制"欧势之东渐"，其志可谓宏伟矣。而他的所谓"言语之互通"却不是要学习日语口头语言，而是颠倒日文的阅读法。

文中梁启超推销的《和文汉读法》是1899年2月他跟一位广东新会同乡罗普在箱根的温泉旅馆环翠楼合写的书①。此时

---

① 陈力卫．"同文同种"的幻影：梁启超《和文汉读法》与日本辞书《言海》[M]//陈力卫．东往东来：近代中日之间的语词概念．北京：社会科学文献出版社，2019.

梁启超来日本只有半年，其日文水平可想而知，罗普则在梁启超来日本的一年前已来到日本，日文水平也比梁启超差不了多少。两人边泡温泉边读日文书，把日文假名的各种助词、语缀归纳类推，据说仅花了一天，就写成此书。这与以前不懂汉语口语的日本人研究汉文的助词用法就编出汉文参考书有不谋而合之处。

《和文汉读法》全书由24节组成，第一节首先说明中日语法之不同：

> 凡学日本文之法，其最浅而最要之第一着，当知其文法与中国相颠倒。实字必在上，虚字必在下，如汉文"读书"，日文则云"書ヲ読ム"；汉文"游日本"，日文则云"日本ニ遊ブ"。其他句法，皆以此为例。

这跟唐代僧人说梵文语法与中文相反以及日本伊藤东涯、太宰春台等说日文语序与中国颠倒完全一样。第二节以下就解说日语助词、语缀以及"切符"（车票）等日制汉语词汇，也跟日本《桂庵和尚家法和训》等说明汉文助词的用法相同。

《和文汉读法》出版后广为流行，影响很大。不过，此书在给中国人提供阅读日文的捷径的同时，也产生了不少负面影响，如过于单纯化的方法容易导致误读，且因其为速成法会带给读者日文简单易学的错误印象。鲁迅的弟弟周作人（1885—1967）

曾跟鲁迅一起留学日本，后来成为中国有代表性的日本通。他有一篇文章就题为《和文汉读法》(《苦竹杂记》)，文中回忆他去日本留学的时候也携带了此书，颇受影响。不过，他也指出《和文汉读法》的方法只适用于《佳人之奇遇》之类的汉文训读体文章，不宜翻译别的文类，中文和日文是完全不同的语言，还是认真学习为妙。此言极当。

④ 直读论的重现

直读汉文对室町时代的桂庵来说，只不过是无法达到的梦想。江户时代的徂徕、春台热心提倡，却也未能付诸实践。可是在中日以对等立场正式缔结邦交，互为开国的明治时代，直读汉文成为可以实行的方法重新浮现在议论台上。只是此时的汉文直读论就是因为能够付诸实践，带上了复杂的阴影，没有顺利展开。

明治初年著名的汉学家、史学家重野安绎（1827—1910）在《汉学宜设正则一科，选少年秀才派清国留学之论说》(1879)[①]一文中，早已指出学习中文口头语言的必要，也介绍了徂徕的训读废止论，主张学习中文也应该实行跟英文一样的"正则"教育。接下来，担任过东京帝国大学博言学（语言学）教授，著有《日

① 重野安繹，薩藩史研究會．重野博士史学論文集 下巻 [M]．東京：名著普及会，1989.

　　陶德民．近代における「漢文直読」論の由緒と行方—重野・青木・倉石をめぐる思想状況—[M]// 中村春作，市來津由彦，田尻祐一郎，前田勉．「訓読」論：東アジア漢文世界と日本語．東京：勉誠出版，2008.

本口语文典》的英国人张伯伦（Basil Hall Chamberlain，1850—1935）也发表了《望改良支那语读法》（1888）①，再次指出训读的不自然，说："毕竟日语有日语的语序，英语有英语的语序，是众所周知的。唯独对支那语不允许治外法权，置在权内，何耶？"（原为日文），他用当时成为日欧之间最大外交案件的治外法权问题，调侃了训读。以西方人的眼光看来，训读一定是很奇怪、难以理解的东西了。

在那以前也有天竺、震旦、日本的国家概念，可这与近代的国家概念不能同日而语。明治以后，日本走向近代民族国家，给汉文直读论提供了新的理论依据。荻生徂徕曾以儒家思想的普遍性为前提，通过更正确地解读儒家经典，企图将中华文明内在化、日本化，因而主张直读论，而此时大家认为中国既然是外国，中文理应与英文等西方语言一样，当作外国语来学习。这样中国的外在化乃成为直读论的理论根据了。

重野安绎认为需要学习中文口语的另一理由是："今我既与支那邻国相接，军国重事如往岁台湾之役（指1874年日本对台湾的侵略），将来不能保其必无。"这就意味着他预测到了甲午战争的发生。与英国人张伯伦调侃的意图恰如其反，此时的直读论恐怕是语言上的"脱亚入欧"。

到了20世纪以后，继承明治时代有关直读论言说的，主要

---

① ビー・エチ・チヤンブレン.支那語讀法ノ改良ヲ望ム[J].東洋學藝雜誌，1886，4（61）.

是中国学的学者。其中具有代表性的就是青木正儿（1887—1964）和仓石武四郎（1897—1975）①。青木正儿最早介绍中国的文学革命，也呼吁研究新时代中国文学的必要。他的《汉文直读论》（1921，原题为《本邦支那学革新之第一步》）不拘泥于中文的发音，主张可以用日文汉字音（吴音、汉音）来直读。可是他这篇论文却由于当时学界的压力，被迫延期发表。仓石武四郎首次编纂了有罗马拼音的《岩波中国语辞典》（岩波书店，1963），是现代汉语教育的开拓者。据他回忆，青木正儿发表《汉文直读论》的时候，他虽然赞同直读论，可前辈学者劝他不要发表己见。

　　青木和仓石的直读论受到学界排斥的原因是第一次世界大战以后日本军国主义的抬头。此时的汉文训读成为发扬日本精神的手段，很多军人用汉诗来抒发忠君爱国的情绪，这些当然都是用训读的。明治时代重野安绎主张的"正则汉学"后来成为实用语学，正如重野所期待，贡献于日本的对中政策。而"变则"的训读，本来理应被淘汰的，却不知不觉被军国主义吸收，脱胎换骨，重新现身，保持余脉。两者的矛盾到二战以后，变为革新派的直读和保守派的训读，一直延续至今。

　　以上简述了训读的历史，兼及各个时代的思想背景。训读只是阅读汉文、翻译汉文的方法而已，可是它的演变史却反映了佛

①陶德民.近代における「漢文直読」論の由緒と行方—重野・青木・倉石をめぐる思想状況—[M]// 中村春作，市來津由彦，田尻祐一郎，前田勉.「訓読」論：東アジア漢文世界と日本語.東京：勉誠出版，2008.

教的传来、"国风"文化、佛教和神道的斗争和融合、朱子学的传入和展开、西洋文明的输入等思想史、文化史的重要事件。整个训读的历史不妨说是一部日本史。这在以上所说训读演变的四个分期跟日本历史的政体演变，即古代律令国家时期（奈良时代、平安前期）、摄关政治和院政时期（平安后期）、武家掌权的幕府时期（从镰仓、室町到江户时代）、近代（明治以后）基本上吻合的事实中也许能够得到印证。

第三章　东亚的训读

一、朝鲜半岛的训读

1. 现在韩国的汉文读法和谚解

朝鲜半岛现在有两个国家。朝鲜早已废止汉字，相关汉字、汉文的现况不清楚。韩国也基本上只用韩文字，已经很少用汉字了。只是韩国使用汉字的历史比日本更为悠久，且至今仍保持着浓厚的儒学传统，学习汉文的人依然不少。

目前韩国读汉文的方法，已在前文说明过（13页）。因韩语（朝鲜语）与日语属于同一系统，语法、语序基本相同，逻辑上就有可能发生跟日本训读同样的现象。可是现在的读法跟日本的训读相比，有同亦有异。不同的是，不像日本的训读，既没有把汉字读成韩语，也没有语序的颠倒，而是用朝鲜汉字音直读。相同的是，句中或句末插进相当于日本训读"送假名"的韩语助词、语缀，叫作"吐"或"口诀字"。

"吐"（to）是助词的意思，加"吐"的读法叫"悬吐"，亦称"口诀"。"口诀"在中国原指道家、佛家以口头传授奥旨的秘语，后来泛称根据学艺或技术的内容要点编成的便于记诵的语句（多数是七言绝句）。朝鲜把汉文读法称为"口诀"，所用助词称为"口诀字"，因为汉文读法曾是师徒之间的密授。传授的秘密性正好与日本的"ヲコト点"相同。"口诀"的读法最晚在朝鲜王朝初期（十五六世纪）已经出现，一直沿用到现在。

不过，这样把原文直读只加"口诀字"，仍无法了解原文的正确意思，于是有"谚解"。"谚"指"谚文"，即韩文字。韩文字是 1446 年朝鲜第四代国王世宗所颁布的文字，共有 28 个字母（现在只用 24 个），当时正式的名称叫"训民正音"，一般叫"谚文"。现在韩国称为"韩文字"（한글，hangeol），朝鲜则称"朝鲜文字"（조선글자，choseongeolja）。"谚"本来是俗语的意思，以前朝鲜人认为自己的语言相对于汉语是一种俗语（方言）。而以"谚文"和汉字来翻译汉文典籍的朝鲜口语文就叫"谚解"。

自从创造"训民正音"以后，朝廷陆续出版了《四书》《三经》（《易经》《诗经》《书经》）[1] 等儒家经典，杜甫诗等文学作品以及部分佛经的"谚解"，广为流行，且传到日本。日本江户时代以假名、汉字兼用的日语做注解的书就叫"谚解"（日本有训

----

[1] 朝鲜时代的科举只考《四书》《三经》，不考《礼记》《春秋》。

读，不必翻译），如林罗山的《性理字义谚解》《古文真宝谚解》等书。日本“谚解”的“谚”指的当然是日语。

图 20 是《论语谚解》（1590 年初刊，1820 年重刊本）的开头部分。汉字下面的韩文字是汉字的朝鲜读音，如“学”下的“학”（hak）、“而”下的“이”（i）；汉字下偏右的韩文字是“口诀字”，如“之지（ji）”下的“면”（meon）、“乎호（ho）”下的“아”（a）；紧接汉文，改行低一字的韩文就是“谚解”。第二条“好犯上”的谚解部分汉字出现的次序是“上、犯、好”；“好作乱”的部分是“乱、作、好”，跟原文相反。伊藤东涯的《作文真诀》说，朝鲜语的语序跟日语一样，与中文颠倒（78 页），是他看过这类的谚解无疑。

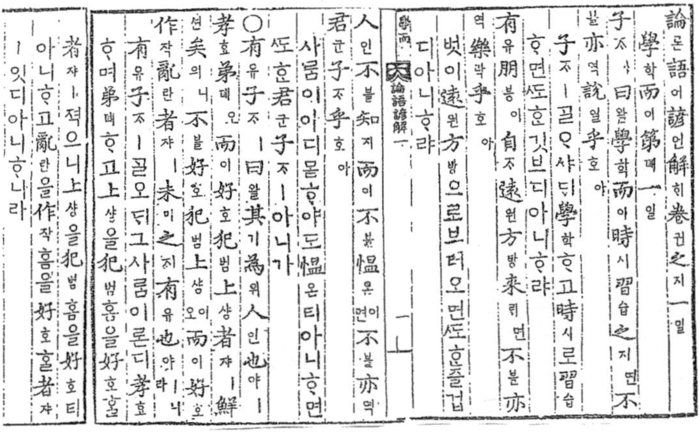
論논語어諺언解해卷권之지一일
學학而이第뎨一일
子ᄌᆞㅣ曰왈學학而이時시習습之지면不블亦역說열乎호아
子ᄌᆞㅣᄀᆞᄅᆞ샤ᄃᆡ學학ᄒᆞ고時시로習습ᄒᆞ면ᄯᅩᄒᆞᆫ깃브디아니ᄒᆞ랴
有유朋붕이自ᄌᆞ遠원方방來ᄅᆡ면不블亦역樂락乎호아
벗이遠원方방으로브터오면ᄯᅩᄒᆞᆫ즐겁디아니ᄒᆞ랴
人인不블知지而이不블慍온이면不블亦역君군子ᄌᆞ乎호아
사ᄅᆞᆷ이아디몯ᄒᆞ야도慍온티아니ᄒᆞ면ᄯᅩᄒᆞᆫ君군子ᄌᆞㅣ아니가
○有유子ᄌᆞㅣ曰왈其기爲위人인也야ㅣ孝효弟뎨오而이好호犯범上샹者쟈ㅣ鮮션矣의니不블好호犯범上샹이오而이好호作작亂란者쟈ㅣ未미之지有유也야ㅣ니라
有유子ᄌᆞㅣᄀᆞᆯ오ᄃᆡ그사ᄅᆞᆷ이론디孝효ᄒᆞ며弟뎨ᄒᆞ고上샹을犯범ᄒᆞᆷ을好호ᄒᆞᆯ者쟈ㅣ젹으니上샹을犯범ᄒᆞᆷ을好호티아니ᄒᆞ고亂란을作작ᄒᆞᆷ을好호ᄒᆞᆯ者쟈ㅣ잇디아니ᄒᆞ니라

图 20 《论语谚解》（1820 年重刊本）

2.《千字文》的读法和日本的"文选读"

那么，朝鲜有没有像日本的训读呢？答案是有的，历史上朝鲜曾经也有过训读。目前仍然通行的《千字文》的特殊读法，算是训读的硕果仅存。《千字文》是梁朝的周兴嗣（470—521）所编的蒙学书，兼为书法摹本，唐以后广为流行，也很早就流传到朝鲜半岛和日本。据日本《古事记》应神天皇二十年（289）的记载，当时在朝鲜半岛西南部的百济国的和迩吉师（《日本书纪》称王仁博士）把《论语》和《千字文》带到日本。这跟周兴嗣的生存年代不合，不足以置信。可《千字文》由百济传到日本应该是没有错的。

现在的韩国人读《千字文》（图21）的方法较为特别。如第一句"天地玄黄"，读为"하늘（haneul）천（chen）따（tta）지（ji），감을（kameul）현（hyeon）누를（nuleul）황（huang）"。

"haneul""tta（ttang）""kameul""nuleul"分别为"天地玄黄"的朝鲜语；"chen""ji""hyeon""huang"是"天地玄黄"的朝鲜汉字音。这样音（汉字音）训（朝鲜语）并读的传统读法，乃可视为训读的痕迹。

无独有偶，日本也有同样的读法，叫

图21　朝鲜本《千字文》。
鹤见大学图书馆藏。

做“文选读”(monzen-yomi),是古代阅读《昭明文选》时所用的方法,也曾被用作《千字文》的读法。其“天地玄黄”的读法是,“tenchi no ametsutshi wa genkou to kuroku kinari”。“tenchi”是“天地”的音读,“ametsutshi”为“天地”的训读;“genkou”是“玄黄”的音读,“kuroku kinari”是“玄黄”的训读。

韩国的《千字文》读法和日本的“文选读”,虽然音训的次序不同(韩国是先训后音,日本是先音后训),可是音训并读却是一致的。这是不是偶然,值得继续探讨。

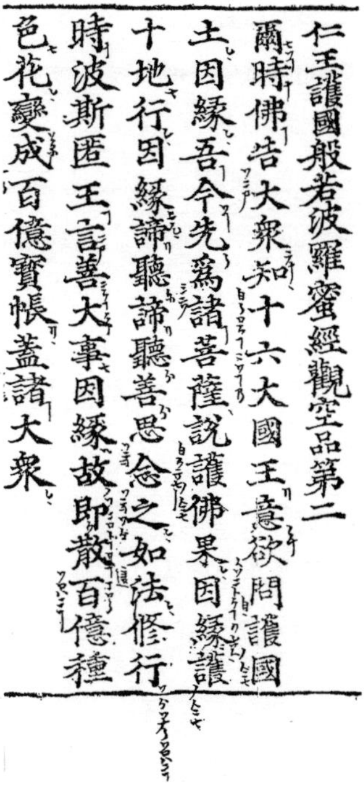
仁王護國般若波羅蜜經觀空品第二
爾時佛告大衆知十六大國王意欲問護國
土因緣吾今先爲諸菩薩說護佛果因緣護
十地行因緣諦聽諦聽善思念之如法修行
時波斯匿王言善大事因緣故即散百億種
色花變成百億寶帳蓋諸大衆

图22 高丽刊本《旧译仁王经》

3. 高丽时代的训读——以《旧译仁王经》为例

1973年,位于韩国忠清南道瑞山郡的文殊寺所藏金刚如来坐像里面发现了高丽时代的刊本《旧译仁王经》残叶(图22),而此经上面竟然用墨笔写着跟日本相似的训读符号。《仁王经》正式名字叫《仁王护国般若波罗蜜经》，有姚秦鸠摩罗什译本和唐不空译本两种，"旧译"指鸠摩罗什译本。佛像里面也出现了至正六年（1346）[①] 的发愿文，训读符号的书写年代当在其前。下面就以头一句"尔时佛告大众"为例，说明此经训读符号的读法[②]：

爾^{七ソフ}時^ナ佛^フ告_{ソ二尸}大衆^{ラナ}·

① "爾"字右下的"七ソフ"分别为"叱為隱"的省笔，读为"t han"，"爾"字训读为"yeo"，合起来是"yeot han"，意思是"这样的"。

② "時"字训读为"bskeu"，右下的"ナ"是"中"的省笔，训读为"geui"，是表示时间的助词，意思是"在……时候"，读为"bskeu geui"。

③ "佛"字音读为"bul"，右下的"フ"是"隱"的省笔，音读为"eun"，是表示主语的助词。读为"bul eun"。

④ "告"字在左下有汉字的省笔字"ソ二尸"，等到最后读。

⑤ "大衆"音读为"daijong"，右下的"ラナ"为"衣中"的省笔，训读为"euigeui"，是表示对象的助词，读为"daijong euigeui"。"ラナ"下面有"·"，是倒读符号，回到"告"字。

---

① 至正是元顺帝的年号。朝鲜历代王朝基本上都用中国的年号，日本则用自己的年号。

② 沈在箕．舊譯仁王經上 口訣에 대하여 [J]．美術資料，1975（18）．

南豊鉉，沈在箕．舊譯仁王經의 口訣研究（一）[J]．東洋學，1976（6）．

⑥ "告"字音读为"go"，左下有"ソ二尸"，分别是"為示戾"的省笔，读为"hasilh"，表示敬语。读为"go hasilh"。

⑦ 以上合起来，读为"yeot han bskeu geui 佛（bul）eun 大众（daijong）euigeui 告（go）hasilh"，意谓"在这样的时候，佛对大众见告"。

这样用原文左右的省笔汉字所表示的语缀、助词（右边的先读，左边的后读）和倒读符号"·"来进行训读，虽然其具体方法跟日本的训读不完全相同（日本也有把原文左边的句读点作为倒读符号之例，已见 59 页），其实殊途同归，把汉文用符号训读为本国语言是没有两样的。且省略汉字笔画来表示本国语言，也跟日本的片假名相同。高丽本《旧译仁王经》残叶 5 张，全部用这个方法来施加符号，把汉文读成当时的朝鲜语。《旧译仁王经》的训读资料发现之后，在韩国陆陆续续发现了《瑜伽师地论》《华严经》等 12—14 世纪高丽后期的多种训读资料，除此以外，还有角笔的训读资料。

4. 高丽时代角笔的训读资料

2000 年 2 月，日本角笔研究专家西村浩子教授在韩国发现了朝鲜时代后期的抄本、刊本上有角笔画的文字和符号。同年 7 月，

图23 初雕本高丽大藏经《瑜伽师地论》上的角笔点。韩国高丽大学张景俊教授提供。

西村教授的老师，日本研究角笔的权威学者小林芳规教授在首尔诚庵古书博物馆所藏初雕本高丽大藏经（1087年雕成）的《瑜伽师地论》上发现了角笔的训读符号（图23）。之后，南丰铉教授等多位韩国学者经过两年的时间，解读了这些训读符号的读法，也发现了《华严经》等更多的角笔资料①，这些角笔训读资料的年代大概在11世纪以前，比前面介绍的墨笔写的训读资料还要早。

韩国发现的角笔训读资料的特征是汉字四旁或中间用点"·"和划"-"来表示读法，跟日本的"ヲコト点"相同，却比日本的"ヲコト点"更复杂、精密，可分为《瑜伽师地论》系统和《华严经》系统两类，图24是韩国学者归纳出来的点图。

不同的是，日本的角笔资料和墨笔符号混在一起，文字、符号也并用。可是韩国的角笔资料只用角笔，不用墨笔，且只用符号，不用文字；而墨笔资料反之，只用墨笔，且除了倒读符号的点"·"以外，没有其他符号。因此，韩国学者把训读资料分为"点吐释读"和"字吐释读"两类（韩国不叫"训读"，叫"释读"）。

最近，日韩两国学者共同调查日本所存8世纪的新罗佛经、

---

① 小林芳規.角筆文献研究導論上卷：東アジア編 [M].東京：汲古書院，2004.

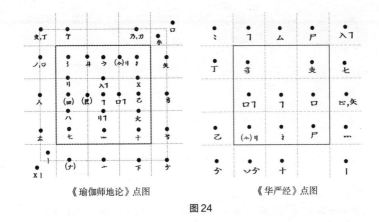

《瑜伽师地论》点图　　　　　　　　《华严经》点图

图24

注解的抄本，如东大寺的《华严经》、京都大谷大学所藏新罗僧元晓所著《判比量论》等，也发现了角笔的训读文字、符号。部分学者主张这些训读资料所反映的是古代朝鲜语（即新罗语），只是这些古老抄本上的角笔经年已久，难以判读，真相到底如何，须待进一步研究。

　　能够推测日本早期训读和新罗关系的另一资料是曾藏在东大寺的新罗表员所撰《华严文义要决》的平安时代抄本。原件烧毁于1923年的关东大地震，只有照片[①]。此经上面用红笔加有"ヲコト点"、语顺符等多种训读符号（图25）。据小林教授的研究[②]，

① 佐藤達次郎.東大寺諷誦文并華嚴文義要決解題 [M].東京，1939.
② 小林芳規.日本の古訓点との関係（一)[M]//小林芳規.角筆文献研究導論 上巻：東アジア編.東京：汲古書院，2004.

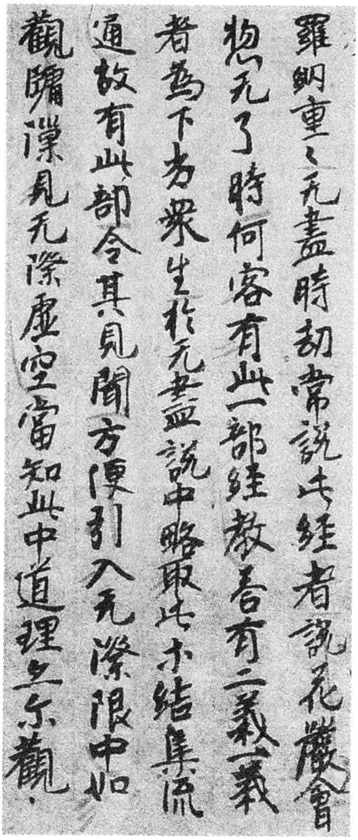

图25 《华严文义要决》

《华严文义要决》所用的"ヲコト点"跟日本所有宗派的各种"ヲコト点"不同，反而跟韩国发现的《华严经》上的角笔符号颇有吻合之处。

总之，20世纪70年代以后韩国发现的这些训读资料，足以证明朝鲜半岛曾经也有过跟日本同样的训读习惯。那么，接下来的问题是日本和朝鲜的训读到底孰先孰后？两者之间有没有关系？如果有的话，影响关系又是如何？

5．新罗时代的训读和日本

记载朝鲜半岛历史最早的史书是高丽中期金富轼所编《三国史记》（1145）和僧一然（1206—1289）所编《三国遗事》。两书都提到7世纪新罗时代的学者薛聪："以方言读九经，训导后生，至今学者宗之。"（《三国史记》卷四十六《薛聪传》）；"以方音通会华夷方俗物名，训解六经文学。至今海东业明经者传受不绝。"（《三国遗事》卷四《元晓不羁》）。两书所云基本相同，就是说薛聪开始用方言（新罗语）来训读汉文，且其训读一直传承到高丽时代。这当然只是一种传说而已，正如据传统说法日本训读和假名是做过遣唐使的吉备真备所创制的（81页），不足以置信。可是由种种迹象来看，新罗时代已经有某种训读，一直延续到高丽时期，倒是事实。现在有了《旧译仁王经》等高丽时代的多种训读资料，由此可以一窥新罗时代的训读方法。

薛聪是新罗华严宗的名僧元晓（617—686）还俗后的儿子，薛聪本人也是一度出家后还俗的。《高丽史》说："国俗幼必从僧习句读。有面首（犹云"有容貌"）者僧俗皆奉之，号曰仙郎，聚徒或至千百，其风起自新罗。"（卷一百八《闵顗传》）可见新罗、高丽时代汉文的启蒙教育是由僧人承担的。这种情况在日本也是一样，江户时代小孩学书的私塾也叫"寺小屋"。薛聪创制训读虽为传说，但应该反映了僧人和俗界的交流情况，薛聪很可能也用训读阅读过佛经或中国典籍。

新罗崇信佛教，诸多宗派中华严宗尤为盛行。元晓的著作传到中国，颇有影响，在日本尤受重视。《续日本纪》（卷三十六）宝龟十一年（780）正月壬申条记载了新罗使节的名单，其中有"大判官韩奈麻萨仲业"，"韩奈麻"是新罗的官名。而《三国史记·薛聪传》云：

世传日本国真人赠新罗使薛判官诗序云："尝览元晓居士所著《金刚三昧论》，深恨不见其人。闻新罗国使薛，即是居士之抱孙。虽不见其祖，喜遇其孙。"乃作诗赠之。其诗至今存焉，但不知子孙名字耳。

另外，韩国庆州发现的《高仙寺誓幢和上碑》[①] 是元晓的传记。文中云："大历之春，（元晓）大师之孙翰林字仲业，□使沧溟，□□日本，彼国上宰因□语诸人。"（□为不明字）三种史料合起来看，可知宝龟十一年（中国正值大历、建中之交），元晓之孙，薛聪之子，大判官薛仲业（《续日本纪》的"萨仲业"当是字误）访问日本，而日本的"真人（上宰）"曾读过元晓的《金刚三昧论》非常佩服，见到元晓的孙子很高兴，就做了诗送给薛仲业[②]。

所谓日本真人应该是淡海三船（722—785）。淡海三船是天智天皇的玄孙，出家后还俗，赐姓"真人"，宝龟十年任大学头（相当于国立大学校长），十一年撰写了唐朝东渡日本的鉴真和尚的传记《唐大和上东征传》，算是当时日本第一流的知识分子。如果当时的新罗已经有汉文训读法的话，鉴于此时新罗和日本的密切关系，新罗的训读传到日本是很自然的[③]。

① 올림픽準備團．서울金石文大觀 [M]．서울：서울特別市，1987：10.
② 堀池春峰．南都仏教史の研究 上：東大寺篇 [M]．京都：法藏館，1980.
③ 王勇．淡海三船をめぐる東アジアの詩文交流 [M]// 楊儒賓，張寶三．日本漢学研究初探．東京：勉誠出版，2002.

6.《续华严经略疏刊定记》和新罗学生审祥

据相关研究，日本的训点起源于 8 世纪奈良（当时的首都）华严宗寺院学僧的阅读经验。前文已举出了其中最古老的资料《续华严经略疏刊定记》的例子（57 页）。而《续华严经略疏刊定记》卷五最后有如下记载：

> 延历二年十一月廿三日，于东大寺与新罗正本自校勘毕。以此善根，生生之中殖金刚种，断一切障，共诸含识入无异门。
>
> 以延历七年八月十二日，与唐正本相对校勘，取舍得失，楷定此本。后学存意，可幸察耳。自后诸卷亦同此矣，更不录勘年日等。

由此可知，此一写本曾于延历二年（783）用了来自新罗的正本，五年后的延历七年（788）又用了来自唐朝的正本校勘过。据专家意见，写本上写的语顺符等训读符号，很可能是用新罗正本校勘时所加，因唐正本不可能有训读符号。进而推测，训读法是随着华严宗的流入从新罗传到日本的 [1]。

这个新罗正本是曾留学过新罗的奈良大安寺僧审祥（审详）

① 小林芳規 . 日本の古訓点との関係（一）[M]// 小林芳規 . 角筆文献研究導論 上巻 : 東アジア編 . 東京：汲古書院，2004.

藤本幸夫 . 李朝訓読攷 其一 —『牧牛子修心訣』を中心にして 付 小倉本『牧牛子修心訣』[J]. 朝鮮学報，1992（143）.

带来的。当时日本派了很多僧人到新罗学习佛教，称作"新罗学生"，其数量远远超过遣唐使的随从僧人。日本皇家宝库正仓院的记录《正仓院文书》中，神护景云二年（768）四月二十九日的《奉写一切经司移》云：

奉写一切经司移东大寺司，请花严经惠园师疏一部审详师所者。右为须勘经所证本，所请如件。

"移"是官府之间的联络文书。在此，奉写一切经司（为了抄写一切经所设的官府）向东大寺的管理部门要求借用审祥所持的"花严经惠园师疏"即慧苑《续华严经略疏刊定记》，以便校勘。审祥（？—742？）曾去新罗留学，带回了许多新罗华严宗高僧如元晓、义湘等人的著作。天平十二年（740）在奈良若草山的金钟寺讲解了《华严经》，这是日本首次的《华严经》讲解。金钟寺后来改称东大寺，是日本华严宗的大本山，752年建成了至今享誉世界的卢舍那佛金铜大佛像。大佛像的建立跟新罗佛教有密切的关系。由此而看，《续华严经略疏刊定记》的训读符号很可能受到新罗的影响。总而言之，古代日韩两国的训读应该有密切的关系，只是到目前为止，虽然有很多学者关心，但尚缺明证，只能期待后续研究。

　　附带说明，由《奉写一切经司移》可知，当时抄写佛经，一定要先收集各种不同的本子进行校勘，就叫"勘经"。而勘经时必须要精密阅读文本。训读之发生很可能跟这样的勘经工作有关。

7. 朝鲜王朝时代用语顺符的训读

在朝鲜王朝时期（1392—1897）除了用韩文字翻译的“谚解”之外，其实也有训读的资料。

例如图 26 的朝鲜刊本《楞严经》（韩国檀国大学所藏）上有墨笔写的训读符号和汉字简体、韩文字。其中第四行的左右两旁有数字：

不教而能、不願而為、隠然若有驅策而

二一　三　二一　三　一　　亖二三

亖一二三

不能自已者、宿習之使也。

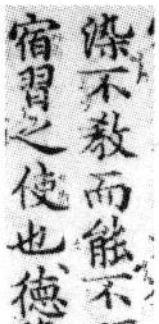
除不教而能不願而為隠然若有驅策而不能自已者
宿習之使也德隆而福劭行善而身凶多障多寃數病

图26　朝鲜刊本《楞严经》上的训读符号

左右（上下）的汉字是语顺符，其读法按照数字分别是：“教不能”（不读“而”字）、“願不為”（不读“而”字）、“隠然驅策有”（“若”字的读法包括在“有”字）、“能自已不”，是朝鲜语的语序。数字有逆读的，也有顺读的，且“四”写成“亖”，跟日本的语顺符相同。

除了数字以外，汉字的两旁也有省体汉字和韩文字。如“不教而能”的“能”字右下有“ソ久”，分别为“为”（“為”字的上头）和“弥”的省体

字，读为“하며”（hamyeo）；“策”字右下的“ソフ”是“为”和“也”的省体字，读为“하야”（haya），都是朝鲜语的语缀。“者”字右下的“フ”是“隐”的省体字，读为“은”（eun）；“習”字左下的“ろ”是“良”字的草体字，读为“애”（ai），均为朝鲜语的助词。这样用汉字的省体或草体来表示语缀、助词的方法也跟日本的片假名、平假名相同（读音有差别）。

至于汉字左旁的韩文字，如“驅策”左旁的“모라”（mora）、“채티리”（chaitiri）是“驅策”的朝鲜语，指示不要音读（音读是“kuchaik”），而要用朝鲜语训读。按照这些数字和省体汉字、韩文字的语缀、助词、字训，就能把原文翻成朝鲜语，跟日本的训读一样。

《楞严经》也有“谚解”，是1461年朝廷用铜活字印刷的《楞严经谚解》（图27，1462年也出版了木刻版）。而前面训读的读法和《楞严经谚解》几乎相同。这就意味着如不是《谚解》继承训读的读法，就是训读根据《谚解》加训，两者必居其一。鉴于训读已用韩文字，后者的可能性较大。

可是另一方面，训读既然在高丽时代以前已经普遍存在，《谚解》乃继承其前的训读读法也有可能。十五六世纪如《楞严经》一样的训读资料留存的为数不少，问题是此一时期的训读方法跟高丽以前的训读法完全不同，反而跟日本的训读法有相似之处，是高丽时代的训读延续到后代，演变成不同的方式，还是到了朝鲜时期新受到日本的影响，因资料不足，尚难决定。

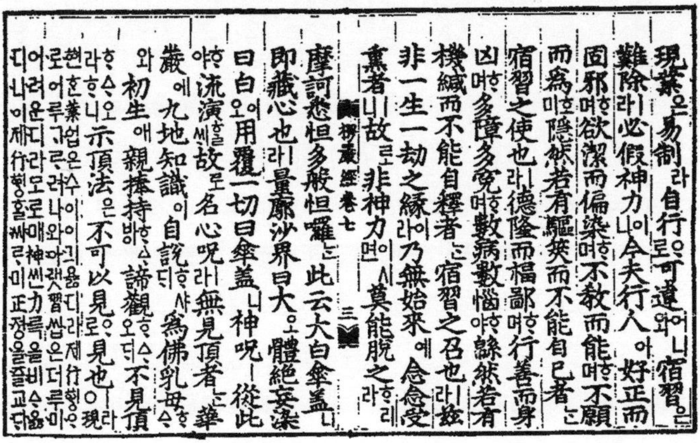

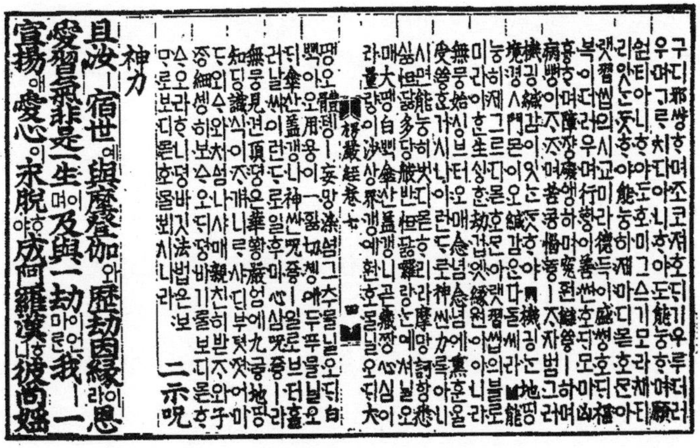

图 27 《楞严经谚解》（1461）的相关部分

8．朝鲜《谚解》和日本的训读废止论

朝鲜王朝编刊很多"谚解"的背景，除了韩文字的创定和普及之外还有两个因素，就是汉语口语的流行和朱子学的导入。高丽到了末期成为元朝的驸马国，跟元朝的关系极为密切。很多高丽官员、商人、僧侣来往于两国之间，也有多数高丽人居住在大都（北京），这些人都需要学习汉语。1276年高丽为了培养汉语翻译人员设置了通文馆（后来改称司译院），也编纂过《老乞大》《朴通事》等汉语口语的课本。朝鲜王朝继承高丽的司译院制度，培养汉语、蒙古语、女真语（满文）、日语的翻译人才，尤其是汉语。朝鲜基本上每年遣使到明清王朝朝贡，除需要大量的翻译人员之外，为了解决外交问题，有些官员也学习汉语。他们不满于以前的训读方式，开始用朝鲜汉字音直读典籍，且把翻成朝鲜语的谚解当作补助手段。

另外，朝鲜一反高丽的崇佛政策，压抑佛教，推崇朱子学。训读本来是佛教的阅读方式，目前所发现的高丽以前的训读资料全部是佛经，没有儒家经典。朝鲜时代崇儒抑佛很快成为潮流，士人阶级都遗弃了训读，改用直读方式，并参考谚解的翻译文。

这样由训读向直读的转变，跟前面介绍的日本江户时代的训读废止论可谓有不谋而合之处。日本的训读废止论起源于吸收朱子学的禅僧之间，江户时代的儒学者伊藤东涯、荻生徂徕、太宰春台等相继提倡。荻生徂徕的华音（汉语）直读的主张是跟日语

的翻译互为表里的。其中华音直读改为朝鲜汉字音的直读，就成为谚解方式了。

朝鲜和日本发生如此类似的变化，究其原因，应该是以十三四世纪东亚世界频繁的互相交流以及朱子学等中国新文化的传播作为共同基础的。与此同时，鉴于朝鲜的变化比日本早，且日本学者看过朝鲜的谚解本，又曾编辑日语的谚解，所以朝鲜对日本产生某种影响也未可知。总之，两国的变化是连在一起的。所不同的是朝鲜没有像日本华音直读论那样的极端主张，日本在明治维新以前没有日本汉字音直读的论调。日本的华音直读论不合实际，而朝鲜汉字音的直读却易于推行。且朝鲜也没有明确的训读废止论，训读就在不知不觉之中消灭了。而日本则虽然部分学者极力提倡废止训读，训读却仍然盛行，保持了命脉。

两国之间产生如此差异有几个原因。首先，相对朝鲜采用朱子学以后佛教完全衰落，日本的佛教仍然能维持大势力；朝鲜到了 15 世纪已经形成了拥有儒家素养的士人阶层，废用训读有了现实条件。同时，也因为通于汉语的人不少，深知华音直读难以推行。且朝鲜地接中国，向中国朝贡，容易受中国政治上的干扰，华音直读有被中国同化之虞。而日本跟中国隔海相望，不是中国的朝贡国，政治上、文化上保持独立，华音直读也不必担心被中国吸收。

9. 朝鲜通信使的训读观

日本丰臣秀吉（1537—1598）对朝鲜的侵略战争（1592—1598）结束后，丰臣政权很快垮台，德川家康（1543—1616）取而代之，被任命为征夷大将军，在江户（东京）开设幕府（1603）。之后一直到江户时代晚期，每逢将军交替之时，朝鲜就派通信使去日本，在江户城交换国书。通信使团在路上跟日本文人交流，互酬汉诗，也用汉文进行过笔谈。其中1764年第11次通信使路经大坂（今大阪）时，京都相国寺的禅僧大典和通信使进行过笔谈交流，后来题为《萍遇录》。书中有大典和朝鲜书记官成大中围绕日本训读的问答如下[①]：

> 余（大典）向龙渊（成大中的号）曰："……盖吾邦读书解文，一以和语傍译，回旋其读，间有注释所费，一呼得之者矣。盖捷径也。唯其捷径，故亦迷途不少。故用力学文，非倍蓰中华不能也。方其下词，动有失步。想贵国读书，一如中国，唯其音讹耳。观诸公笔语易，习与性成，大与吾人异矣。"
>
> ……
>
> 龙渊见余文附译曰："贵邦书册，行傍皆有译音。此只

---

① 金文京.《萍遇录》：18世纪末朝鲜通信使与日本文人的笔谈记录 [M] // 邵毅平. 东亚诗文交流唱酬研究. 上海：中西书局，2015.

可行于一国，非万国通行之法也。惟物茂卿文集无译音，即此一事，可知茂卿之为豪杰士也。

余曰："此适为示初学已。丁尾卵毛，诚可羞也。"

大典所说的"和语傍译，回旋其读，间有注释""丁尾卵毛"，成大中所云"行傍皆有译音"都指的是汉文训读。物茂卿即荻生徂徕。此时荻生徂徕的学说在日本士子中风行一时，大典也受其影响，对训读持有否定态度，反而羡慕朝鲜用朝鲜汉字音（"音讹"即此意）来直读汉文。成大中则批评日本训读，说训读"非万国通行之法"。此时朝鲜早已不用训读，成大中不知道朝鲜也曾有过跟日本一样的训读法。且自从清军入关后，朝鲜就认为中华文明在中土已灭亡，迁移到朝鲜，于是自命"小中华"。他说"非万国通行之法"，简直是自居中华，睥睨万国，骄矜之态可掬。而此训读"非万国通行之法"之论，跟日本太宰春台的"中华之外，东夷、西戎、南蛮、北狄，言语虽各殊，然无不颠倒"（81页）的认知恰成对比之妙。日朝两国这一认识之差，将会影响到彼此的近代。

成大中在日本与日僧大典交流的三十七年后，1801年（嘉庆六年）另一朝鲜学者柳得恭，跟随燕行使（朝鲜派到清朝的使节）到北京，在琉璃厂的书店五柳居，跟清朝学者李鼎元（李调元的从弟）进行笔谈。其中有如下一段（见柳得恭《燕台再游录》）：

墨庄（李鼎元）曰：国书各国不同，琉球国书日本字也。

余（柳得恭）曰：此日本"以吕波"也。以中国二十余字，作半字为字母。

墨庄曰：今其字母共四十七字，有真有草。

余曰：日本更有片假文，不可晓。书于汉字旁，此其句读也。伊初不知作文，如饮酒曰酒饮，作诗曰诗作。用片假文定句读教人，然后稍稍能文矣。

此时李鼎元奉使琉球刚回来，因谈及琉球国所用的是日本字，即假名。"以吕波"是假名的别称。柳得恭说片假文（名）"书于汉字旁"云云，指的是日本的训读，大概是由去日本的通信使得到的相关信息。看他的口气，显然对日本有所侮蔑，由此可知当时朝鲜士人对日本的观感。

前文说明，日本通过汉文训读获得"梵和同一"的语言观，进而建立了天竺、震旦、日本三国平等，甚至日本神国的世界观。那么，朝鲜通过训读得到的语言观、世界观又是如何呢？何以至于拥有自居中华的世界观？这就是下面要探讨的问题。

二、朝鲜半岛训读的语言观及世界观

1. 新罗的印度求法僧和译经僧

前文提到日本训读受到新罗影响的可能性，主要原因是日语与新罗语（古朝鲜语）属于同一系统，语法、语序都相同。且新罗接受佛教比日本早，日本人能想到的，新罗人有条件更早想到，还有新罗的华严宗直接影响到日本，而早期训读资料跟华严宗有密切关系等等。

7世纪以前的朝鲜半岛呈高句丽、百济、新罗三国鼎立的局势。高句丽最早于372年，接着百济于384年接受佛教。新罗最晚，于527年接受从高句丽传来的佛教。日本更晚，至6世纪后半始由百济传入。而新罗佛教却后来居上，668年统一三国后更为盛行。

据唐代义净（635—713）从印度回来后所撰《大唐西域求法高僧传》列出当时去过印度的求法僧人的名单，所有60个求法僧人中，8个是新罗僧。而日本没有去过印度的僧人[①]。据义净记载，这些去印度的新罗僧有的在印度死亡，有的回到中国活

①段成式《西阳杂俎》卷三《贝编》记载段成式遇见去过印度的倭国僧金刚三昧。可是这个金刚三昧不见于日本资料，无法证实。且段成式是晚唐人，即使金刚三昧去过印度，也是后来的事。

动，似乎没有人回到本国。可是当时很多新罗人包括僧人在唐朝寓居，且新罗掌握了海上交通权（日本遣唐使也搭乘过新罗船），唐和新罗之间的人际交流频繁，使新罗得以了解印度佛教的情况。

再者，新罗僧人也有参加过译经事业的。如著有《仁王经疏》等多种著作的圆测（613—696），留学唐朝后，曾听过玄奘的讲经说法，也参加过译经院。印度僧日照翻译《大乘显识经》时，圆测曾担任过证义（《宋高僧传》卷二《日照传》、卷四《圆测传》）；于阗僧实叉难陀在证圣元年（695）新译《华严经》（八十卷本）时，圆测也跟义净一起参加了翻译集团。而据他的传记《大周西明寺故大德圆测法师佛舍利塔铭》(《玄奘三藏师资传丛书》卷二），他是"新罗国王之孙"。圆测也死于唐朝，可是和元晓同样成为新罗华严宗祖师的义湘去唐留学时，可能在长安见过圆测①。圆测活跃于唐朝佛教界的核心，而只见于日本资料的灵仙（41页）与之相比，可谓小巫见大巫了。

2．印度求法僧、译经僧慧超的《往五天竺国传》

20 世纪初在敦煌石窟发现的文书中有慧超撰《往五天竺国

① 鎌田茂雄 . 新羅仏教史序説 [M]. 東京：大蔵出版，1988：322.

传》残卷①，是除了玄奘《大唐西域记》以外，第二部重要的唐代关于印度的旅行记。慧超（生卒年不详）是新罗人，少年时留学唐朝，再由海路去印度，遍历佛教圣地，于开元十五年（727）经丝绸之路回到唐朝安西大都护府（龟兹，今新疆库车），撰写了《往五天竺国传》。

慧超归唐后师事印度僧金刚智三藏（671—741），开元二十八年（740）金刚智三藏在长安荐福寺由玄宗敕命举行佛经翻译，慧超担任把梵文翻成汉语的笔受，可见他精通梵文。金刚智三藏去世后，慧超再师事印度僧不空三藏（705—774），继续参加译经活动。不空三藏受到玄宗、肃宗、代宗三代皇帝的尊崇，成为中国密宗的祖师，在宫廷里外显赫一时。而不空三藏去世时，慧超跟其他五位弟子共受遗嘱。同年，受代宗之命，在长安西边的玉女潭举行祈雨仪式，结果沛然而雨。

建中元年（780），他带了与金刚智三藏共同翻译的经典去五台山乾元菩提寺，序文中记载了自己的生涯事迹，也讲述了经典秘义。此时他在唐已五十多年，大概年逾八十了。

805年，日本空海（774—835）渡唐，在长安青龙寺接受惠果的灌顶秘法。惠果是慧超的同门师弟，惠果的另一位老师印度僧善无畏（637—735）的弟子玄超也是新罗僧（《大毗卢遮那经

① 现藏法国国家图书馆，编号 Pelliot chinois 3532。

桑山正進. 慧超往五天竺國傳研究 [M]. 京都：臨川書店，1998.

慧超，杜環. 往五天竺國傳箋釋 經行記箋注 [M]. 張毅，箋釋. 張一純，箋注. 北京：中華書局，2006.

广大仪轨》后序）。空海回国后，建立京都东寺、高野山金刚峰寺，备受朝野崇拜，成为日本真言宗（密宗）祖师，死后追谥弘法大师。而他从唐朝带回来的密宗教义中也有新罗的影响。

总而言之，新罗僧人有条件比日本僧人能够更早、更详细具体地了解印度佛教情况以及译经的实际过程。也有不少人既通梵文又懂汉语。这就是推测汉文训读始于新罗，影响日本的客观背景。

以下顺便介绍《往五天竺国传》的文章。此书是研究8世纪前期印度、西域与唐朝关系的宝贵资料。而其文章、用词却有很奇特的地方。慧超来回印度，路上经过很多国家，都有相关记载。他似乎特别关心各国人民的发型，如小勃律国、吐火罗国、骨咄国往往是"（男人）剪其须发""女人在发"；罽宾国云"男人并剪须发，女人发在"；突厥和胡蜜国云"女人在头"，大寔国则云"男人剪发在须，女人在发"。怎么女人会在头发中呢？这些文章都莫名其妙，不知是什么意思。

原来这些文章的"在"字是"有"的意思，"女人在发"就是"女人有发"；"女人发在"是"女人发有"，都是"女人蓄发"之义。中国人看了一定觉得很奇怪。其实一直到现在韩国人、日本人学习汉语，很多人对"在"和"有"的用法总是混淆不清，因为这两国语言中"在"和"有"是一个词，没有分别。这个语病在日韩两国人写的汉文中由来已久，如《日本书纪》云"若神有其山乎"（《景行纪》十八年七月），意思是"若神在其山乎"。

那么，"女人在头"又是什么意思？难道男人没头吗？原来韩语中"头发"可以简称"头"，"剪头发"可以说"剪头"。所以"女人在头"还是"女人蓄发"的意思。

慧超少时在新罗学习新罗式的汉文，来到中国不久又去了印度，恐怕来不及学正规的汉文，才有这种怪句。他待在中国五十多年，晚年写的文章并没有这种语病。因此，敦煌发现的《往五天竺国传》残卷可能是草稿，不是定本。慧琳的《一切经音义》收录了《往五天竺国传》三卷的注解，没有出现关于这种怪句的说明。慧琳是慧超的同门，他看到的应该是定本，而定本现在没有留存下来。

3．高丽《均如传》的语言观

前文已经说明，日本僧人慈圆从梵经汉译过程中梵文和汉语的关系得到启发，提倡梵语、日语同类论。无独有偶，朝鲜半岛也有类似的议论，见于高丽初期华严宗首座均如（923—973）的传记《大华严首座圆通两重大师均如传》，简称《均如传》（1075年撰述）。

《均如传》收有均如所作乡歌《普贤十愿歌》十一首。所谓乡歌是借用汉字来标写朝鲜语的歌谣，类似日本《万叶集》的和歌。起源于新罗，高丽也有少数作品。当时的翰林学士崔行归把均如的乡歌翻成汉诗，也收在《均如传》中。崔行归在序文中这么说：

> 诗构唐辞，磨琢于五言七字；歌排乡语，切磋于三句六名。论声则隔若参商，东西易辨；据理则敌如矛楯，强弱难分。虽云对衔词锋，足认同皈义海。各得其所，于何不臧。而所恨者，我邦之才子名公，解吟唐什；彼土之鸿儒硕德，莫解乡谣。矧复唐文如帝网交罗，我邦易读；乡札似梵书连布，彼土难谙。使梁宋珠玑，数托东流之水；秦韩锦绣，希随西传之星。其在肩通，亦堪嗟痛。庸讵非鲁文宣欲居于此地，未至鳌头？薛翰林强变于斯文，烦成鼠尾之所致者欤？
>（第八《译歌现德分》）

他说的意思是，唐诗和乡歌虽然声音不同，其地位同等，价值也相若。遗憾的是高丽人懂唐诗，而中国人不懂乡歌。何况汉文如"帝网交罗"，高丽人容易读；"乡札"（高丽语的文章）似梵文的连缀，中国人不易懂。中国的文章频频传到高丽，而"秦韩"（此指三韩，也就是高丽）文章几乎没有传到中国，值得痛叹。这岂不是孔子要过海东渡而未果，而薛聪把汉文强为训读，致有繁琐语缀的缘故呢？这就是崔行归把均如的乡歌翻成汉诗的理由。另外，此序写于967年，唐朝早已灭亡，已是宋代了，却仍然把中国称为"唐"，不叫"宋"。这跟日本一样，是因为

"唐"已成为中国的代名词。

文中"帝网"典出《华严经》的"因陀罗网",是装饰因陀罗(帝释天)所住宫殿的宝网。网中宝石纵横密挂,互为发光衬托,比喻汉文中个个汉字的独立性,换句话说就是汉语的孤立语性质。另一方面"帝网"也象征中华帝国纵横密布的网络,如《宋书·乐志》所引晋代《四厢歌》云:"张帝网,正皇纲。播仁风,流惠康。"意谓高丽作为朝贡国,被包括在中华帝国的网络内。

而"乡札似梵书连布",意思是高丽的文章跟梵文的连缀方式一样,也就是说高丽语言(古朝鲜语)跟梵语语法类似。这跟日本慈圆以日语类比梵语的说法相同,可对语言结构的观察更为精密,比喻也恰当,且时代比慈圆早二百多年。可见当时朝鲜半岛对梵语、汉语、本国语言的关系已跟后来的日本相同,却比日本有更为透彻的了解。最后"薛翰林强变于斯文",是训读的意思,可见当时已有薛聪发明训读的说法。所谓"鼠尾"跟大典的"丁尾卵毛"(115页)一样,指的是训读时汉文旁边小字写的省体汉字助词乃至训读符号。

日本慈圆把白居易的诗翻为和歌,用以抵制中国过多的影响(55页)。而崔行归把乡歌翻成汉诗,以图传播到中国。由此可见两国人士意识形态的差距,可是追求跟中国同等地位却是一致的。《均如传》紧接着前面乡歌的记载又记录了有趣话题(第十《变易生死分》)如下:

开宝六年（973）中金海府使奏云："今年月日，有异僧顶戴棕笠子到海边。问其名居，自称毗婆尸。曰：'曾于五百劫前会经此国缔缘焉。今见三韩一统而佛教未兴，故为酬宿因，暂至松岳之下，以如字洪法，今欲指日本。'言讫即隐。"上奇之，命推其日，是师顺世之日也。

金海位于朝鲜半岛东南海岸，跟日本对马岛一衣带水，自然跟日本的交流密切（现在釜山机场就位于金海）。"毗婆尸"即"毗婆尸佛"，是过去七佛之一，"松岳"是高丽首都开城。金海府使向国王报告有一异僧在海边，自称毗婆尸佛，云此地缘尽，要去日本。而异僧出现那天正是均如去世之日。其含义显然是均如死后要去日本。这当然是个谣言，不足置信。可是谣言之发生应该有其原因。

根据《大日本史料》天禄三年（972）九月二十三日条，也就是均如去世的前一年，九州的太宰府向朝廷报告高丽国金海府使李纯达、南原府使咸吉兢的船抵达对马岛，而日本朝廷也派了高丽国交易使和货物使到对马岛，进行贸易。此时高丽和日本没有正式邦交，而地近日本的高丽南海岸地区和日本对马岛、九州之间却有地域性交流，这大概是谣言发生的实际背景。而既然有均如东渡去日本的谣言，上述《均如传》的看法会传到日本也不无可能。

均如的著作，除了《普贤十愿歌》以外，还有讲解《华严经》的若干笔录。其中13世纪后半刊行的高丽大藏经的补篇《释华严教分记圆通钞》①上保留了训读的痕迹（图28）：

> 或有如佛性隐，阐提人隐有豆亦，善根人无如好尸丁；或有如佛性隐，善根人隐有豆亦，阐提人无如好尸丁。（卷三）

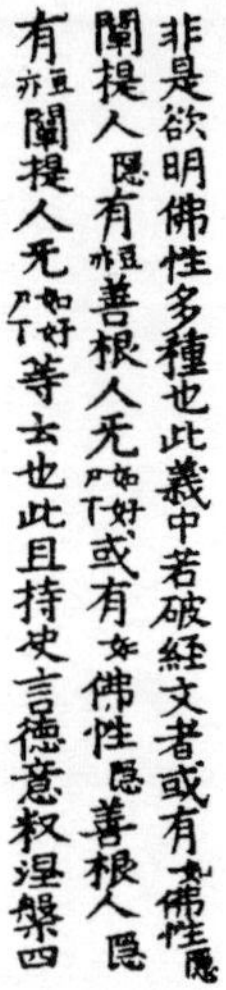

此文为均如引用了中国华严宗第四祖唐代澄观所著《华严经随疏演义钞》的一部分，加以解释的。"阐提"是"一阐提"的简称，梵文 icchāntika 的音译，汉译为"断善根"，即"善根"的反义词。佛教说所有众生都有佛性，得以成佛。可是没有善根的人能否成佛？这就有争论。这里所说的是佛性也有几种，有的佛性"阐提人"才有，有的只备于"善根人"，也就是说不一定所有的人都能成佛。而中间所插的小字是高丽语言（即古朝鲜语）的口诀字（助词等），是知均如将此文用训读来翻成朝鲜语②。而此书卷四的题跋云：

图28 《释华严教分记圆通钞》的小字注。见《景印高丽大藏经47》（新文丰出版公司，1982）。

① 東國大學校韓國佛教全書編纂委員會. 韓國佛教全書 第4冊：高麗時代篇 1[M]. 서울：東國大學校出版部，1982.

② 南豊鉉. 國語史를 위한 口訣研究 [M]. 서울：太學社，1999：27.

右所诠章释者，开泰寺古藏中方言本云，现（当作"显"）德七年（960）庚申夏节，均如大师僧所说也。副师心融法师，记者惠藏法师也。伽倻山法水寺古藏削方言本云：五冠山摩诃岬寺沙门均如，辄任法筵，粗申鄙释。今依法水寺本流行。

由此可知，此书为惠藏把均如的讲解记录下来的笔记，惠藏大概是均如的弟子。且本来有"方言本"和"削方言本"两种。"方言本"是朝鲜语的本子，就是施加训读的本子；"削方言本"则是删除口诀字、训读符号的本子，也就是纯粹的汉文本。现存13世纪刊刻的《释华严教分记圆通钞》是"削方言本"，小字的口诀字是删除之余，偶然保留下来的"方言本"的痕迹。

均如当年讲解佛经，用的语言当然是高丽语，惠藏把他记下来的本子自然是"方言本"。后来有人把"方言本"改为"削方言本"，而此后流行的就是"削方言本"。由此而推，虽然没有文献可征，13世纪的高丽应该已经有反对训读的主张，比日本15世纪桂庵玄树、一条兼良等的反训读论（73页）早二百年。且桂庵玄树等的反训读论还不成气候，训读仍然盛行，反之，高丽的反训读论似乎非常成功，以致训读几乎销声匿迹了。韩国为什么直到最近才发现训读资料，且其数量远远不如日本那么多？朝鲜成大中何以不知过去的训读习惯，抛在脑后早已忘光了，反而嘲笑日本的训读？在此都能找到答案。

均如的另外一部著作《十句章圆通记》也是他讲解经义的笔记，而其1250年的跋文云：

> 至本朝第四叶光宗时，有圆通首座名均如，得诸佛心，佩一乘印，承圣主眷顾，大阐圆宗。……或首座亲自下笔，或门人记其所闻，令人人不待百城之游，面承善友之诲，则真性海指南也。然其文皆方言古训、歌草而写，及乎后世，歌草之书不传。……本讲和尚名天其，……叹大道之难行，庆半珠之不失，亲削方言，校其差舛，……以施后学也。高丽国江华京十九年庚戌（1250）月日弟子等志。

由此可知，此书本来由"方言古训"和"歌草"两个部分而成，"歌草"当指乡歌。均如讲解时，除了口头说明之外，还有乡歌的咏颂，据此而推，现存乡歌《普贤十愿歌》也应该是讲说佛经时所用。而《十句章圆通记》的乡歌早已失传，"本讲和尚名天其"只把方言本中的方言删除，改作削方言本（纯汉文本）。

乡歌在新罗和高丽初期应该很盛行，可是现在留下来的作品只有均如的《普贤十愿歌》十一首和《三国遗事》所载十四首共二十五首而已，当是硕果仅存，至高丽后期终成绝响，以致现在要解读也不容易。与日本和歌越后越盛，跟汉诗形成分庭抗礼之势大相径庭。乡歌所借用的汉字和训读口诀字相同，乡歌的没落与训读被淘汰应该同出一因。总之，朝鲜的语言观起步早于日本，方向也一致，可是后来互成悬殊了。那么，跟日本分道扬镳的朝鲜到底拥有什么样的国家观？

4. 朝鲜半岛的国家观——新罗佛国说与震旦变为震檀

日本梵和同类的语言观跟本地垂迹说的宗教观，以及天竺、震旦、日本的三国世界观紧密相扣，互为表里。而朝鲜对梵汉、本国语言的观察跟日本相同，且来得更早更深入，可是他们据以建立的世界观，就不同于日本了。

首先要提的是新罗僧慈藏（生卒年不详）的新罗佛国思想。慈藏是新罗未统一三国以前的高僧。他于新罗善德女王五年（636）留唐，参拜五台山得到文殊菩萨的启示："汝国王是天竺刹利种，王预受佛记，故别有因缘，不同东夷共工之族。"（《三国遗事》卷三《皇龙寺九层塔》），回国后担任了大僧统，就根据文殊菩萨的启示，主张新罗王族与释迦为同种，因此新罗是佛国，也就是说新罗是印度的分国[1]。这比日本的本地垂迹说来得更直接、具体，可是利用印度抬高自己的身价却如出一辙。

接下来是朝鲜建国的檀君神话，这跟日本天皇的天孙降临神

---

① 鎌田茂雄. 古代三国の仏教 [M]// 鎌田茂雄. 朝鲜仏教史. 東京：東京大学出版会，1987.

话异曲同工。内容都是天上的神降到高山顶上，成为地上的统治者。这种神话在东北亚萨满教流行地域很普遍，自有其古老的来源。而僧一然所著《三国遗事》所引《古记》就说，天上桓因的庶子桓雄带了天符印三个和很多部属降到太伯（白）山（平壤附近的妙香山）顶神坛（檀）[①]树下，与熊女结婚，生下坛（檀）君王俭。檀君奠都平壤，始称朝鲜。桓因是帝释天的别名，本来是印度教的最高神因陀罗，后来被佛教吸收，成为住在须弥山顶的佛教护法神。《古记》所讲述的内容是萨满教古神话和佛教的结合。檀君既然是帝释天的孙子，就跟印度之神有血缘关系，这也算是慈藏新罗佛国思想的翻版。

到了高丽末期，又出现了高丽变为震旦之说。高丽末年是受到蒙古常年进攻，全国变为战场的动荡时期。1259 年，结束了前后三十多年的抵抗，高丽终于投降蒙古，成为其附属国。1264 年蒙古大汗忽必烈召唤高丽国王元宗入朝进见，元宗颇不愿意。此时风水师白胜贤进言说，若国王"亲设大佛顶五星道场，则来八月必有应，而可寝亲朝。三韩变为震旦，大国来朝矣。"（《高丽史》卷一百二十三《白胜贤传》）。他的意思是说，如果国王亲设道场，不但不必去中国，高丽还将变为"震旦"（中国），大国（蒙古）反而来高丽朝贡。元宗信而设道场，当然没用，还是不得不去大都（北京）朝见忽必烈。可是白胜贤"三韩变为震旦"之说，却对后世影响深远。

----

① 《三国遗事》原文是"坛"字，不过后来都说"檀君"。

"震旦"一词是梵语 Cina-sthana 的音译。Cina 是"秦"的音译，也写作"支那"；sthana 是土地的意思，"秦的土地"就是中国。当初音译时为什么选择"震旦"这两个字，已不得而知。而唐代湛然《止观辅行传弘决》所引琳法师（慧琳）之说云："东方属震，是日出之方，故云震旦。"（卷四）震卦在《易经》相当于东方。"震旦"既是"东方日出之方"的意思，朝鲜在中国的东方，岂不更有资格当上"震旦"？这就是"三韩变为震旦"的根据。而这也不是白胜贤的独创，之前高句丽的后身渤海国（698—926）亦称振国，始祖大祚荣自称震国王；灭渤海而建立辽朝的契丹则在渤海旧地置了东丹国。"真丹""振丹"都是"震旦"的异写。在中国东方的国家纷纷自居"震旦"之位，而最东方的国家乃自称"日本"，既然是"日本"，再也没有更东方的国家了。日本东尽之国，就占了便宜。

到了 1393 年高丽被朝鲜王朝取代，朝鲜太祖李成桂的《神道碑》说[1]：

> 书云观旧藏秘记，有《九变震檀之图》，建木得子，朝鲜即震檀之说，出自数千载之前。

"书云观"是宫廷书库，多藏秘记、谶书之类。"建木得子"即"李"字，就是李姓得国的谶言。那么"震檀"是什么意思？

---

[1] 参见《太宗实录》卷十七、权近《阳村先生文集》卷三十六。

是"震旦"和"檀君"的合词。"旦"和"檀"的朝鲜汉字音是同音（dan），且很巧"檀"字里有"旦"字，于是"震旦"变为"震檀"，成为朝鲜的代词。朝鲜王朝后期的学者李圭景说："震檀，以东方在震，而檀君始为东方之君，故名。"（《五洲衍文长笺散稿》卷三十五《东方旧号故事辨证说》）"震檀"既同"震旦"又把"震旦"包括在里面。

日本可以逍遥海外，不必向中国朝贡，能够维持独立性，还可以说印度、震旦和日本对等，甚至可以主张日本是"神国"，把中国比下去。可朝鲜不行，说梵语和朝鲜语相同还可以，而既然在中华帝国"帝网"之内，无法说朝鲜与中国对等。那怎么办？唯一的方法是自居中国之位。这当然完全违背现实，只不过是观念上的颠倒，堪称阿Q式的意识形态。

不过这个"震檀"思想为清朝以后朝鲜的"小中华"思想铺了路，且一直到现在影响仍然很大。韩国有震檀学会，成立于1934年日本殖民地时期，是站在民族主义的立场研究韩国历史的团体。也有檀国大学，首尔景福宫（相当于北京故宫）旁边也有檀君庙。1993年朝鲜在平壤附近发掘了高句丽的坟墓，声称发现了檀君遗骨，乃认定为檀君墓。而南北两方都主张檀君出生的太伯（白）山位于中朝国境的白头山（中国称长白山）。檀君与震檀之说，可谓由来已久，于今为烈了。

5．近代的训读——日本的影响

以上介绍了日本和朝鲜半岛的汉文训读，以及由此而发生的语言观和世界观的异同。对两国而言，中国是唯一的文明光源，因此，虽然有异，但他们的出发点是相同的。可是到了近代，在西方文明的强烈影响之下，主角易位，日本扮演了重要的角色，汉文训读也难免发生变化。梁启超的《和文汉读法》也是其中一例，而此时朝鲜一度消失的训读由于日本的影响死灰复燃了。

朝鲜于 1876 年在日本的压力下缔结了《江华条约》(《日朝修好条规》)，结束锁国政策，正式开国。条约表面上承认朝鲜的独立，否定清朝的宗主权，但其实是不平等的条约，正如明治日本跟欧美列国缔结的条约。清朝当然不承认这一条约。此后朝鲜成为清朝和日本较量的舞台，朝鲜国内也发生亲清守旧派和亲日改革派的斗争，最终爆发了甲午战争（1894）。

在这样的情况之下，1894 年 12 月，国王高宗颁布了《洪范十四条》，开头就说："割断附依清国虑念，确建自主独立基础。"宣布独立。"洪范"是《尚书》的篇名，是殷朝末期的贤人箕子讲说天地大法的，朝鲜认为箕子来到朝鲜（史称"箕子朝鲜"）是中华文明东徙的最早表征，就把箕子所著"洪范"作为国家大纲的题名。

在此之前的 11 月发布的敕令第一号（那以前国王的命令不敢用"敕"，而用差一等的"教"）说："法律敕令，总以国文为本，汉文附译，或混用国汉文。"所谓"国文"是谚文的改称，实际上用的是国汉混用文，如 1895 年 1 月的布告如下：

去十二月十二日에我聖上陛下게서我國家의獨立自主ᄒᄂᆫ基業으로宗廟에誓告ᄒ시며……

这样的国汉混用文，与其说是之前谚解的延续，还不如说是日文的影响。1897 年 10 月，高宗把国号改为大韩帝国，称皇帝，建元光武（高宗曾用年号开国、建阳，在那以前都用中国年号①），终于脱离了清朝的羁縻，实际上陷入了日本的势力之下。

在此之前的 1881 年，改革派的领导人物金玉均（1851—1894）跟日本的福泽谕吉秘密联系，得到国王的允许后，就派了绅士游览团去日本，观察明治维新以后的日本欧化情况。而随员中俞吉濬、柳定秀、尹致昊三人留在日本，俞和柳在福泽谕吉所办庆应义塾，尹则在中村正直的同人社继续学习。福泽和中村都是当时推介西方文明、思想最有力的核心人物。他们三个人是日本有史以来接受的第一批留学生，也是朝鲜派到日本的首批留学生，同年朝鲜也派了三十八名留学生到清朝。

三个留学生之中，俞吉濬（1856—1914）后来成为改革派的

---

① 朝鲜半岛于三国时代、统一新罗时代、高丽初期在国内用过少数自己的年号。朝鲜王朝后期，为了表示对明朝的怀念，且不屑用清朝年号，在国内偷偷地使用过崇祯纪年。

图29　俞吉濬《劳动夜学读本》

重要人物。他在庆应义塾的时候，把福泽谕吉的文章翻成国汉混用的朝鲜文，后来游历欧美，归国后写的《西游见闻》（1895）也是用的国汉混用文，这是受到当时日本的文体，尤其是福泽谕吉所提倡的假名汉字混用的通俗文的影响。

1908年俞吉濬在《皇城新闻》上发表《对小学教育的意见》说："苟其用训读法，其形虽曰汉字，则吾国文之附属品、辅助物。"（原文为国汉混用文），主张实行训读。他所说的"训读"不是为了阅读汉文颠倒语序的训读，而是汉字不用音读，读为朝鲜语的训读，如"天"字读成"하날"（hanal）①。这也不是从前朝鲜训读的复活，而是日本训读的输入。因为俞吉濬也不知道朝鲜曾有过训读。他为了劳动阶级的教育就用这种训读方法写了《劳动夜学读本》（图29）等书，模仿日本的方法，在每个汉字的右旁加了韩文字的读音。

可是俞吉濬提倡的训读法并没有被广大社会接受。因为1884年亲日改革派发动的"甲申政变"失败后，改革派的头目金玉均在上海被高宗密派的刺客暗杀，亲日势力大为委顿退缩。清朝在

---

① "하늘"（haneul）的古语，参见98页。

甲午战争中惨败后，1910年朝鲜终于沦为日本殖民地。此后，反日民族主义兴起，日本式的训读当然没有生存空间了。1913年在日本统治之下，国语学者周时经把之前被称为"谚文""国文"的"训民正音"改称为"한글"（hangeol，韩文字），以它作为民族主义的表征，积极推广。

1945年日本战败，朝鲜半岛光复后，分裂为南韩北朝。北边的朝鲜马上废止了汉字，韩国也于1948年制定《韩文字专用法》，排斥汉字。不过韩国国内仍有主张混用汉字的传统保守派，跟韩文字专用派展开长期的争论，以至被称为"五十年文字战争"。看近年的情况，街上的招牌、报纸上几乎看不到汉字，很多年轻人连自己的名字都不会用汉字写，混用汉字派已然大江东去了。可是另一方面由于韩国跟中国的关系越来越密切，掀起了学习汉语的热潮。在韩国，汉字总会受到对中关系的影响，离不开政治，这跟在日本完全不同。试问韩国小孩子："汉字是哪国文字？"回答一定是"中国文字"，而在日本问小孩同样的问题，回答将是"日本文字"，因为虽然汉字起源于中国，但是日本使用汉字一千五百多年，早已将汉字变成自己的文字了。日本形成这一观念，最大的因素应该是训读的普及。

那么，韩国真的没有训读了吗？那倒也不是。因为虽然专用韩文字，韩文词汇的绝大多数还是汉字的词汇（和越南语一样），一个词汉字和固有韩语并存的也不少，例如"韩国人"一词，可以说"hangukin"（"in"是"人"的汉字音），也可以说

图30 "真露"（JINRO）酒瓶

"hanguksalam"（"salam"是韩语"人"的意思），因此，把"人"字读为"salam"，虽然现在没有这个习惯，但仍有其可能性。最近中国的超市也卖韩国烧酒"真露"（JINRO），而"真露"酒瓶上标的是韩文字"참이슬"（chamiseul），"cham"是"真"，"iseul"是"露"的韩文（图30），这岂不是训读？位于韩国南部的海印寺，因藏有高丽大藏经的木版被评为世界文化遗产。1978年笔者在海印寺的院子里看到两个和尚，一老一少，一起阅读佛经。笔者在旁观看，发现佛经汉字的旁边用铅笔写着"1、2、3"的阿拉伯数字，就问老僧："这是做什么的？"老僧回答说："这个学生很笨，就打个号码教他阅读顺序。"他们也不知道这就叫训读。训读在韩国，可谓无其名却有其实。

6. 日韩汉字、汉文教育

目前世界上，在学校里正式教汉字、汉文（古文、旧体诗）的地域，除中国及一些华人地区之外，只有日本和韩国，而日韩两国的情况大不相同。

日本从小学一年级开始，就在国语（国文）课里面教汉字，中学教一些汉诗如唐代绝句等，至高中，国语课分为现代文和古文，而古文再分为日本古文和汉文。汉文课的主要内容是先秦诸子著作、《论语》《孟子》的片段，唐宋古文、唐宋诗的名篇，还有一些日本平安、江户、明治时代的汉文、汉诗。汉字的读音用日本汉字音的音读及训读，汉文读法是训读，都附有训读符号、送假名。

这里比较奇怪的是，包括在国文课里面的汉文，绝大多数却是中国的作品，日本的作品很少。文部省（教育部）的《学习指导要领》还特别提到："通过古典教育，让学生了解日本文化的特质，以及日本文化与中国文化的关系。"《汉文》部分说："教材也需要包括日本汉文。"这等于政府也承认了汉文课的主要教材是中国的作品。"大学共通一次学力试验"（全国统一大学入考）的国语题目中也一定有汉文，而汉文的题目都是中国的作品。世界上恐怕只有日本在教授本国语言的国文课里，热心教授外国古典。其原因乃是训读，一经训读，汉文变成日本文，就可以包括在国文里面。

韩国则不同。韩国学校的国语课教材全用韩文字，不教汉字。中学、高中有汉文课，可汉文课是选修课目，汉字的读音用朝鲜汉字音，读法是口诀／悬吐方式（96 页）。"大学修学能力试验"（韩国高考）也有汉文，却跟法语、德语、汉语、日语等外语并列，称为"第二外国语·汉文领域"，可以选择其中之一。也就是说汉文相当于第二外语。而第二外语汉文课的主要教材却是朝鲜时期的作品，中国作品只占少数，跟日本相反。韩国的大学既有国文系又有汉文系。国文系研究韩文字的作品，汉文系就专门研究本国汉文作品。日本大学的国文系则既可研究日文作品也可研究本国汉文作品。

日本的汉文课是国文课的一部分，却教中国人的作品；韩国的汉文课相当于第二外语，却教本国人的作品。为什么发生这样彼此颠倒又矛盾的现象？原因除韩国民族主义因素之外，关键还在于训读之有无。

三、其他近邻民族的训读现象

1. 契丹人诵诗

12 世纪的东亚是动荡时期，兴起于东北，先灭渤海进占北宋河北地区的契丹辽朝，于 1125 年被新兴的女真人的金朝灭亡，金朝继续侵攻华北，宋朝退守淮河以南，仅存金瓯有缺的偏安天下，形成宋金南北对峙的局面，直到之后蒙元先后攻灭金和南宋。

南宋绍兴三十二年（1162），为了庆祝金世宗的生日，奉使金朝的洪迈（1123—1202），回来后留下了如下的记录：

契丹小儿初读书，先以俗语颠倒其文句而习之，至有一字用两三字者。顷奉使金国时，接伴副使秘书少监王补每为予言，以为笑。如"鸟宿池中树，僧敲月下门"两句，其读时则曰："月明里和尚门子打，水底里树上老鸦坐。"大率如此。补锦州人，亦一契丹也。(《夷坚丙志》卷十八(《契丹诵诗》))

此云"俗语"盖指契丹语，正如欧洲中世相对拉丁文，把自己的语言叫作 vulgar tongue（俗语）一样，朝鲜把自己的语言称为"俗语"也是一个道理。王补把契丹语翻成汉语白话，说给洪迈听。或者当时契丹人已习熟了汉语，"俗语"指的是受到契丹语语法影响的契丹式汉语也未可知。不管怎样，因契丹语是蒙古语族的一种，跟日语、朝鲜语同属于阿尔泰语系，所谓"颠倒其文句""一字用两三字"都是训读的意思。只是没有用符号的迹象，只能称为"训读现象"。

"鸟宿"云云之诗出自众所周知的贾岛《题李凝幽居》，"推敲"一词典出于此。俗语的读法把"鸟"字翻成"老鸦"，可知他们的版本大概不作"鸟宿"而作"乌宿"。至于何以不仅颠倒语序，还要颠倒上下句，则不得而知，也许是洪迈的误会。王补把这个契丹小儿诵诗的方法作为笑柄介绍给洪迈，可能出于自卑心态，正如日本的大典因训读而感到羞愧（114页）。记载此事的洪迈更是将之当作夷人的奇俗，付之一笑，也仿佛成大中嘲笑日本训读的心态。

2. 契丹文字

辽朝是由统治阶级的契丹人和汉人、渤海人、女真人等构成的多民族政权，为了适应复杂的国情，设有对待游牧民族的北面官和对待农耕民族的南面官，采取双重政制。对农耕民族适用的法律是唐律，游牧民族可用自己的习惯法。这些都是如南北朝时期等入侵中原的北方诸多"胡族"政权所没有的。由此而推，契丹人对国家的政制、民族的分别，当有清晰的概念。而这种国家、民族意识应该以对自己的语言、文化的认知作为基础。

契丹人在王朝创立伊始，为了记述自己的语言，就制作了契丹大字（920），是模仿汉字的表意文字。而稍后他们又参考回鹘文字或突厥文字，制作契丹小字，是表音文字。大小契丹文字是中原邻近的东亚民族创作民族文字的嚆矢。之后党项人所创立的西夏（1038—1227）也模仿汉字，制造西夏文字（1036）；女真金朝则模仿契丹文字作了女真大字（1119）和女真小字（1138）；接下来是蒙古人以藏文为基础创制八思巴文字（1269）；这一连串创字运动的煞尾就是朝鲜的训民正音（1446）。这些都是王朝创始不久之际，由皇帝或国王下令，人为地制造且推行普及的文字，与日本假名、越南字喃乃至欧洲拉丁文等世界绝大多数的自然发生的文字大有异趣，可视为唐朝灭亡后连锁发生的东亚各地民族觉醒的表露，在世界文字史上占有独特的地位。但是其中目前仍然使用的只有训民正音（韩文字）。

契丹文字因资料有限，还没有完全解读，据相关研究，契丹小字是能够记述契丹语语法特征的表音文字。表音文字可分为辅音、母音无法分离的音节文字如日本假名，和辅音、母音可以分离的音素文字如拉丁文字、韩文字等。契丹小字则兼而有之，组合起来可以记述契丹语和从汉语借用的词汇。如第八代皇帝道宗（tau tsung）由"ta""u""ts""ung"4个字合并而写（图31）[①]。洪迈说"一字用两三字"也许指此而言。辽时有人用契丹字翻译了《贞观政要》、《五代史》、白居易《讽谏集》等汉籍，也有人用契丹字作了契丹语的诗。契丹语的翻译很可能用的是训读方法，而契丹语的诗可比日本和歌、新罗乡歌，可惜都没有留存下来。

图31 契丹小字"道宗"

① 清格尔泰，刘凤翥，陈乃雄，于宝林，邢复礼.契丹小字研究[M].北京：中国社会科学出版社，1985.

辽在建国当初于渤海故地设置东丹国，是真丹（震旦）的意思。辽以佛教为国教，拥有基于佛教世界观的国家观，这跟接境的新罗、高丽相同，契丹的训读现象与朝鲜半岛的训读之间或许有着某种联系。

3. 高昌回鹘的训读

除契丹以外，有可能实行训读的地域是丝绸之路上的城邦高昌（今新疆吐鲁番）。早在汉代中原王朝就在高昌实行屯田制度，到南北朝接连出现了四个汉人王朝，国王和统治阶级、大部分住民是从内地迁徙的汉族，也有信拜火教或摩尼教的伊朗系统的粟特人等白种人，是胡汉混成的国家，至 640 年为唐朝吞并。《周书·异域下·高昌》云："文字亦同华夏，兼用胡书。有《毛诗》《论语》《孝经》，置学官弟子以相教授。虽习读之，而皆为胡语。"虽然缺乏具体描述，既云以胡语习读中国经典，很有可能是一种训读。9 世纪中叶，回鹘（今维吾尔族的祖先）占领此地，史称高昌回鹘，直到 1209 年被蒙古帝国灭亡。回鹘语是突厥语的一种，属于阿尔泰语系，大体上跟日语、朝鲜语是一个系统。回鹘人以粟特文字为基础创造了表音的回鹘文字，用以翻译很多佛经和汉籍，此时的回鹘人信仰佛教，改信伊斯兰教是后来的事。据日本学者庄垣内正弘的研究，这些用回鹘语翻译的文献中有训读现象[①]。

　　回鹘语有以唐代汉字发音为基础稍加变化且没有声调的回鹘汉字音，类似于日本汉字音、朝鲜汉字音，可以用来音读，也可以用回鹘文字书写。他们翻译佛经、汉籍的时候，兼用汉字和回鹘字，而汉字用回鹘语训读。且回鹘语的语序跟日语、朝鲜语相同，宾语在动词之前，因而翻译时须颠倒语序。回鹘人初学汉字，还是用《千字文》，其读法如下：

yun（云）tiŋ（腾）ču（致）yu（雨）/　云升了，雨下了。
lu（露）ker（结）vi（为）şo（霜）/　露降了，霜冻了。

　　"/"号左边是回鹘汉字音的音读，右边是回鹘文翻成中文。这跟日本、朝鲜音训兼施的读法（98页）差不多，只是把"为霜"翻为"霜冻了"有意译成分，介于训读和翻译之间，且没有用过符号的迹象，也算是一种训读现象。

4. 庆州偰氏——寓居高丽的回鹘人

　　这些回鹘语音读、翻译的撰写年代大概是十三四世纪的蒙古时

①庄垣内正弘. 文献研究と言語学——ウイグル語における漢字音の再構と漢文訓読の可能性——[J]. 言語研究，2003（124）.

期。当时很多回鹘人来中原经商、也有人出仕元朝做官。元朝有民族等级，即蒙古人第一、色目人第二、汉人（居住华北的汉人、契丹人、女真人等）第三、南人（南宋治下的汉人）最下，所谓色目人是各种人的意思，指来自西方的各种民族，其中回鹘人最多。

回鹘人当中也有学习汉文化，甚至考上科举的人。他们阅读汉文典籍的时候，也许用过回鹘汉字音的音读和训读。元朝灭亡后，绝大多数的回鹘人留在中国境内，也有人迁徙到高丽，以偰氏家族为代表[①]。

偰氏原为突厥贵族，在高昌回鹘时期也辈出了包括国相在内的多位达官贵人，蒙古时代来到中原出仕于成吉思汗、忽必烈汗等帐下，也担任了重职。他们精通回鹘文化和语言，一族中又出现了很多考上科举的人，是典型的汉化色目人。回鹘人本来没有姓，来到中原后，因祖先出自蒙古的偰辇杰河，取而为姓，自称高昌偰氏。

偰氏家族中的偰逊，为避元末红巾之乱，1358 年率家人避难到高丽。高丽恭愍王和偰逊原来在大都相识，知他投靠，非常高兴，封他为高昌伯重用了他。《高丽史》也为他立了《偰逊传》（卷一百十二）。偰逊的儿子偰长寿（1341—1399）作为高丽使臣出访南京，得到明太祖的赏识。高丽灭亡后他继续仕于朝鲜，把

① 陳垣.元西域人華化考 [M].北京：勵耘書屋，1934.

萧启慶.蒙元時代高昌偰氏之仕宦與漢化 [M]// 萧启慶.元朝史新論.臺北：允晨文化，1999.

朱子的《小学》翻成汉语白话文，题《直解小学》。此书在司译院被列为汉语课本之一（今已失传）。

偰氏家族来到高丽后，如能看到高丽训读的话，应有似曾相识之感吧。他们在高丽寓居庆州，从此高昌偰氏就改称庆州偰氏了，至今子孙仍在韩国繁衍不息。偰氏家族空间上西自吐鲁番，东到朝鲜半岛，横跨整个东亚；时间上自唐代直至当代，纵历一千多年，于亚洲变幻莫测的历史时空中能够维持血脉，不坠家誉，尤为难能可贵。

5. 越南的训读现象

以上介绍了契丹和高昌回鹘的情况，剩下的是汉字文化圈最古老成员之一的越南。越南语跟汉语虽然属于不同系统，却是有声调的孤立语，与汉语相同，有别于以上介绍的阿尔泰语系的语言。可是越南语与汉语也有语序不同之处，汉语的修饰语（定语）在被修饰语的前面，越南语则相反，修饰语在后面（5页）。从这一点来说，越南语也可能有颠倒语序的训读，可是到目前为止，没有发现用符号的训读，只有类似训读的现象而已 ①。

---

① 岩月純一.ベトナムの「訓読」と日本の「訓読」—「漢文文化圈」の多様性—[M]// 中村春作，市來津由彦，田尻祐一郎，前田勉.「訓読」論：東アジア漢文世界と日本語.東京：勉誠出版，2008.

首先，越南语有来自中国古音的越南汉字音，类似日本、朝鲜汉字音，阅读汉籍都用越南汉字音。越南还有模仿汉字的"字喃"（即"喃字"，是越南口语的字），用以翻译汉文，也可用以记述越南语。越南认为中国经典的越南语翻译是训诂的一种，把翻成的越南文叫作"诀"。越南阮朝圣祖明命六年（1825）出版的《皇越文选》收有范立斋《周易国音歌诀序》（卷七），据此序文，《周易国音歌诀》用字喃把《易经》翻成越南语的歌曲形式。序中范立斋强调训诂对理解儒家经典的重要性，说《周易国音歌诀》是"其训诂之流欤？"这跟日本、朝鲜半岛的训读，以及朝鲜把汉文的读法叫成"口诀"是一样的思路和用词，且把经典翻成歌曲形式，也跟高丽的"歌草"（乡歌，121页）是一脉相通的。这就意味着，在中国近邻的东亚各国，无论佛教或儒家，经典的注解和翻译在观念上都有相辅相成的关系。

　　字喃有只取汉字音的假借字，利用汉字形声原理把越南语的发音和汉字组合，或依据会意原理把两个汉字结合，创造汉字所没有的独特文字 ①，以及汉字的省写等多种。这跟日本、朝鲜的训读字有类似的一面，只是日本的万叶假名或朝鲜的口诀字基本上是表音文字，而字喃是表意文字，这大概因为越南语也是孤立语。

---

① 日本也有类似的字，叫作和制汉字或"国字"，如"辻"（tsuji，十字路口）、"峠"（touge，越过山岭的路中由上转下的最高地点）等，看起来是汉字，其实是汉字里没有的字。朝鲜也有"畓"（dap，水田）、"乭"（dol，石头）等字；广东话的"焗""煲"等方言字也有类似性质。

现在的越南虽然废止了汉字，可是学汉字的人似乎还不少，首都河内的孔子庙等地方仍然在卖《三字经》《千字文》等初学课本的越南语版本。下面就用《三字经》的一节"蜀魏吴，争汉鼎"来试为说明越南语的训读现象（图32）。汉字右边是字喃，汉字下面的罗马字是汉字的越南汉字音，字喃下面的罗马字则是字喃的读音。这样这节越南汉字音和字喃部分的读法分别是：

图32　越南汉字、字喃对照版《三字经》(1999)

"蜀（Thục）魏（Ngụy）吴（Ngô），争（Tranh）汉（Hán）鼎（đỉnh）"；

"渃蜀（Nước Thục）渃魏（nước Ngụy）渃吴（nước Ngô），争（Giành）茄汉（nhà Hán）鑊（vạc）"

字喃"渃"（nước）字是"国"的意思，所以"渃蜀""渃魏""渃吴"是"国蜀""国魏""国吴"，是越南语的语序，翻成汉语就是"蜀国""魏国""吴国"。"茄"（nhà）字是"家"的意思，所以"茄汉"是"家汉"，也是越南语语序，翻成汉语就是"汉家"了。

这下面还有越南语的翻译，其中"争汉鼎"的翻译是"Giành vạc nhà Hán"，如用汉字和字喃写就是"争镬茄汉"，翻成汉语是"争汉家鼎"。由于越南语的修饰语在后面，"汉鼎"说成"鼎（镬）汉"，"汉家"说成"家（茄）汉"，就有两个颠倒现象。如用日本训读的颠倒符号"レ"，可以写成"争茄汉レ鼎"，读为"争鼎（镬）茄汉"。日本的太宰春台说："中华之外，东夷、西戎、南蛮、北狄，言语虽各殊，然无不颠倒。"此言虽有夸大其词之嫌，也算不无道理。由此可见训读现象在东亚的普遍。

越南从汉武帝时起长期为中国的属地，至10世纪独立以后，也向中国历代王朝朝贡。虽然如此，越南却把中国指为"北朝"，自称"南朝"，以示平等关系。对中国用中国皇帝册封的国王号，在国内却称皇帝，也用自己的年号。日本可以逍遥海外，不必向中国朝贡，自有天皇，自立年号；朝鲜毗邻中国，卧榻之侧，岂容别人称帝。因此朝鲜一直是忠实的朝贡国，不敢称皇帝，也不敢立年号，一直用中国年号，越南可谓介于两者之间。这大概是虽与中国接境，离中国首都却远的地理条件所致，天高皇帝远，中国也管不了。

图33　河内孔子庙的"万世师表"牌额

河内孔子庙的"万世师表"

牌额（图33），右边题"康熙御书"，左边却写着"同庆戊子仲冬述题"。"同庆"是越南阮朝年号，同庆戊子（三年，1888）相当于清朝光绪十四年。"康熙御书"的真假姑且不论，他们这样做，用意就在于一方面利用中国皇帝的权威，一方面却要表示自己的独立性。这就象征着越南对中国的基本态度。

四、中国的训读现象

1. 汉语古今语法不同

中国有训读吗？当然没有，可是有训读现象。第二章介绍了诸葛亮《出师表》的训读模式（25页），只不过是一种游戏，不必当真。可是这种游戏之所以能够成立，是因为古今汉语之间不仅有语音、词汇的变化，连语法也发生了不可忽视的演变。下面再举几个例子。

《三国志·诸葛亮传》（卷三十五）云："每自比于管仲、乐毅。"白话译[①]是："他常常把自己与古代贤相管仲、名将乐毅相

---

① 陈寿. 三国志全译 [M]. 吴顺东，谭属春，陈爱平，译. 贵阳：贵州人民出版社，1994.

比。"原文"比"字在"管仲、乐毅"的前面;白话译用"把字句"(亦称"处置式")把宾语放到前面,"比"字在后面,以致动宾结构变为宾动结构了。当然"把自己与古代贤相管仲、名将乐毅"的层面还维持着动宾结构,可是"把"字已经失去了动词功能,变为介词了。这种用"把"字的处置式大概从唐以后才出现。

在赤壁之战前夕,诸葛亮游说吴国,向孙权夸赞刘备说:"众士仰慕,若水之归海。"白话译是:"人们仰慕拥戴他,如同水归大海一样。"在这里"如同"和"一样"是一个意思,相当于原文的"若"。"一样"其实可有可无,可是没有"一样",对现在的读者来说,感觉好像缺了什么似的。又如"过着像牛马一样的生活",前面的"像"字可以省略,说成"过着牛马一样的生活"。这是因为古文比拟形容词、副词的前置结构到今语转为后置结构的缘故。

后来诸葛亮对他的属下说:"忠益者莫大于进人。"(卷四十五《邓张宗杨传》),白话译是:"忠于国家为国造福的表现,没有比推荐人才再大的了。"原文"大"字在"进人"的前面,白话译则位于"推荐人才"的后面。现在的广东话把普通话的"我比你高"说成"我高过佢",语序跟古文一样,是保留古文语法;普通话也可以说"我高于你",是借用古文的语法,不是现代语的语序。

以上仅举一端,动宾结构趋向宾动结构,比拟句的形容词、副词,比较句的形容词由前到后,还有时地状语由后到前(25

页）等等，这些都是古今语法明显的转变。打个简单的比方，古代汉语的语序跟英文相似，而现代汉语的语序则接近日语、朝鲜语的语序。

2. 汉语古今语法转变的原因

那么，为什么会发生这种变化呢？其中原因颇为复杂，在此难以细表。不过，主要因素应该是北方游牧民族语言的干扰。自古以来，南方农耕民族和北方游牧民族相互斗争并最终融合是中国历史的一大特征。诸如先秦汉代的匈奴南扰、南北朝的五胡入主华北、辽金元清的游牧民族王朝，无不如此，且愈演愈烈，游牧势力愈后愈占强势。而这些游牧民族的语言，不管蒙古系、突厥系或满人的通古斯系，都是阿尔泰语系的黏着语，与孤立语汉语属于不同系统。

这些入主中原的游牧民族（包括半农耕半游牧的民族）虽然后来被文化上占优势的汉族同化，失去了自己的民族性，可是一来他们的人数多，为时久；二来他们是统治阶级，且自己的语言跟汉语是不同系统，以致他们所学的汉语严重受到母语的干扰，换句话说是不正规的汉语。

语言的正规不正规并不是一成不变的，如果绝大多数的人经常用不正规的语言，久而久之，不正规就变成正规。因此，即使是不正规的汉语，被作为统治阶级的游牧民族经常使用，有些汉人跟着学，结果大部分的人都用不正规的汉语，用了很久，就变成正规的汉语，那以前的正规汉语反而变为古语了。

尤其是以北京为中心的河北地区，基本上从唐代安史之乱以后，除了明代以外，都受到游牧民族的统治，且自元代以后，除了明初和民国时期，北京一直是全国首都，因此，北京的语言成为现在普通话的基础。其实，古代语言和现代普通话的差别很大。这大概就是古今汉语转变的最大因素。

3．直解——汉文口语译

这些古今语言的变化，到了宋元时期变得较为明显，加上当时科举和出版的普及，使得识字阶级扩大，很多人光靠以前的训诂已经很难了解古典，唐以前的训诂基本上是词汇的音义和出典，而他们需要的是口语的翻译。宋代已经出现"口义"如《周易口义》《庄子口义》之类，用的是通俗的文言文。根据现存资料，到元代才出现口语的译解，这就是元初北方学者许衡（1209—1281）的《大学直解》《中庸直解》(《鲁斋遗书》卷四、五）。下面举《大学直解》中曾子引用《论语·颜渊篇》"子曰：'听讼，吾犹人也，必也使无讼乎！'"一段的"直解"：

子是孔子，听是听断，讼是词讼，犹人是与人相似的意思。曾子引孔子说："若论判断词讼，使曲直分明，我与人也一般相似。必是能使那百姓每自然无有词讼，不待判断，方才是好。"

前半是"子""听""讼""犹人"的解释，这些在宋以前是不必要的注解。其中"犹人"解为"与人相似"，就反映了语法的变化。后半把孔子的语言翻成口语，"犹人"也翻成"与人也一般相似"，"百姓每"的"每"在当时的口语中是"们"的意思。

许衡用这种"直解"方式把《大学》《中庸》两书逐节讲解，且加以口语翻译，供当时不太懂文言文的读者参考。直解方式到了明以后也很流行，其中具有代表性的就是万历年间首辅张居正的《四书直解》，是为了给10岁的万历皇帝用口语讲解《四书》和朱子的《集注》，后来到了清朝，康熙也读过此书。朝鲜偰长寿的《直解小学》（145页），虽已不存，应该也是口语翻译。

当时的士人阅读文言文既已不易，撰写文言文就感到更大的困难。写文言文难处之一在于助词的运用，因为助词的善用与否，影响到文章的好坏。而文言文的助词跟口语完全不同，用起来尤为困难。于是出现了满足这种需求的书，就是元代卢以纬的《助语辞》，是中国最早专门讲解文言助词的著作。

此书对各个助词的用法，往往用口语的同义词来说明，如

"乎字，多疑而未定之辞，或为问语，只是俗语么字之意""其字，是指那事物而言；于字，俗语向这个之意""者……或有俗语底字意"等等。可见当时一些士人对文言文助词简直一无所知，这跟日本文人尤为关心汉文助词的用法如出一辙。如果把《助语辞》中的"俗语"换成日语，就是日本的汉文助词参考书了。这就意味着当时的人们尤其是北方人与文言文之间的隔阂，跟日本人差不了多少。他们把文言文翻成白话的时候，脑子里无意中进行跟训读同样的程序。《助语辞》到明清两代有重刊本，也传到日本，其中江户时代天和三年（1683）的翻刻本，还加了很多注解，题为《鳌头助语辞》（图34）。现在流行的古典白话译也算是元明"直解"的延续，其来有自。

总而言之，中国到了元明以后的近世也有训读现象。

图34　日本刊本《鳌头助语辞》

第四章　　书写汉文——东亚汉文的多种文体

一、东亚的汉文、汉诗

1. 正规的汉文

第二、三章介绍了东亚各国、各民族的训读和训读现象。训读之发生，原因是中原近邻民族的语言跟中原属于不同系统，语法有差别，中国的训读现象的出现则是因为古今语法的转变。阅读汉籍时需要把汉文（文言文）按照本民族语言（俗语）的语法来颠倒语序，还要加所需要的助词等。当他们书写汉文时，也会发生同样的现象，把本民族语言的语序颠倒过来，删除本民族语言的助词，改为汉文的助词，才能成为正规的汉文。

近代以前的东亚各国，不管是皇帝、国王颁诏下令，还是文人士子著文立论，抒发胸臆，或各国人士互相进行笔谈，无不用正规汉文。因此，不同时代、不同地域的人撰写的汉文几乎是同样的文体，古今中外变化很少，放之四海而皆准，彼此都看得懂。汉文素来被称为东亚共通的书写语言，盖由于此。试看下面三篇论诸葛亮的文章：

① 且夫杀一不辜而得天下，有所不为，而后天下忠臣义士乐为之死。刘表之丧，先主在荆州，孔明欲袭杀其孤，先主不忍也。其后刘璋以好逆之至蜀，不数月，扼其吭，拊其背，而夺之国，此其与曹操异者几希矣。曹刘之不敌，天下之所知也。言兵不若曹操之多，言地不若曹操之广，言战不若曹操之能，而有以一胜之者，区区之忠信也。孔明迂刘璋，既已失天下义士之望，乃始治兵振旅，为仁义之师，东向长驱而欲天下响应，盖亦难矣。

② 自管仲以后，吾得诸葛武侯焉。其精忠大义，赫奕万世，才德事业，固无间然。然使出于孟子之前，则必羞比焉。观其斥桓文，论管晏可见矣。而观后世诸儒之说，有疑孟子者矣，未有疑武侯者也。此其意之所指，吾不能无疑也。孟子之时也，争地杀人，杀人盈野，生民之憔悴极矣，邦国之干戈惨矣，乃砺兵耀武之秋也。及其谈经国之术，则曰："以不忍人之心，施不忍人之政，天下可运于掌矣。"则曰："事半古之人，功必倍之，惟此时为然。"而武侯之所事者，乃异乎此矣。其劝后主以申韩之学，则其所道者，概之于纯王之略，亦甚有径庭矣。

③ 越之灭吴也，内而无（文）种，则不足以强国；外而无

158

（范）蠡，则不足以利兵。汉之取楚也，内而无（萧）何，则不足以守关；外而无（韩）信，则不足以制敌。譬如车之有两轮，缺一则无全车矣。故是数人者，各致其才，而才有所必专；各出其力，而力有所必尽，卒能有立于世。诸葛亮之不复中原，非谋之不善，忠之不竭也，乃势不能也。何者，昭烈之臣，有能与孔明分其责者乎？孔明以一人之身，入则为种而为何，出则为蠡而为信，其踯躅不进，继之以死，即其势也。

以上三篇，① 是北宋苏轼的《诸葛亮论》，② 是日本江户时代伊藤东涯的《管仲诸葛孔明论》，③ 是朝鲜李天辅（1698—1761）的《武侯论》。三人虽然时地不同，观点有异，文体却相同，因此只要学会了汉文，异时异地的读者都看得懂，因此汉文是东亚共通的书写语言。不但如此，日本的伊藤东涯、朝鲜的李天辅并不是从外国人的眼光批评诸葛亮，两人文中所用的比较对象分别是孟子和文种、范蠡、萧何、韩信，都是中国人。可见两人所站的立场跟苏轼无异，心目中没有中外之别，故而这三个人超越时地的不同，超越国境，拥有同样的历史知识和批评眼光。这就是东亚汉字文化圈的精粹，有人称之为"东亚知识共和国"，比拟于欧洲近世的"文艺共和国"（la République des Lettres）。①

---

① 高橋博巳 . 東アジアの文芸共和国—通信使・北学派・蒹葭堂—[M]. 東京：新典社，2009.

　정민 . 18 세기 한중 지식인의 문예공화국：하버드 옌칭도서관에서 만난 후지쓰카 컬렉션 [M]. 파주시：문학동네，2014.

2．中国、日本、朝鲜的汉诗

再看以下三首五言诗：

① 水国秋光暮，惊寒雁阵**高**。忧心辗转夜，残月照弓**刀**。

② 叶声落如雨，月色白似**霜**。夜深方独卧，谁为拂尘**床**。

③ 楼头秋雨暗，楼下暮潮**寒**。泽国何萧索，愁人独倚**栏**。

三首都吟咏秋夜的忧愁寂寞，情景相似，可却分别为中国、日本、朝鲜人所作。你能分辨出来哪一首是中国人的作品吗？除非事前知道，恐怕不容易吧。答案是②，白居易的《秋夕》。①《闲山岛夜吟》的作者是日本丰臣秀吉入侵朝鲜时的水军名将李舜臣（1545—1598）；③是日本明治时代有名的小说家夏目漱石（1867—1916）所作的《游子吟》。

语云："登高能赋，可为大夫。"在过去的东亚世界，能写汉诗是做知识分子的重要条件之一。在宴会、仪式、朋友之间的应酬等场合，不能赋诗，算不上知识分子。各国人士见面进行笔谈时，汉诗也是交流情感、夸示自己才华的重要工具，是构成"东亚知识共和国"的重要元素。

上面李舜臣和夏目漱石的绝句虽不算上乘之作，可是押韵正确，平仄均匀，是合乎规律的汉诗。反而白居易诗的平仄却有不规律的地方。可是李、夏目两人都不懂汉语，不知平仄之为何物，仍然可以作押韵、平仄完全正确的汉诗，这不是奇怪吗？如果说，不会英文的人能写出英文的诗，你相信吗？这是不可能的。可是在东亚，对汉语一窍不通也可以写汉诗，他们是看字书、韵书硬背哪个字和哪个字可以押韵，这个字是平声，那个字是仄声，只知其然，不知其所以然。几百年来，日本、朝鲜半岛成千上万的诗人都是用这样的方法作汉诗的，而阅读时都用本国语言来训读或用口诀读法。这样，押韵、平仄都变成没有什么意义的废物了。

其实，对现在大多数的中国人来说，情况也是差不多的。例如"基""积""姬""激"发音都是"jī"，其中既有平声又有入声，你能辨别出来吗？答案是"基""姬"是平声，"积""激"是入声。入声到了宋元以后，除广东话等一些方言外已经消失了。因此，现在大多数的中国人要写汉诗，入声是要死背或者需要看韵书确认的，条件反而不如日本、朝鲜，因为日本、朝鲜汉字音至今仍保留了入声，容易辨认。

语音是随着时地变化的，可是汉诗的格律基于唐代的发音，一成不变。因此，到后来现实的发音和汉诗的格律之间即使发生差距，也要株守格律来写诗。汉诗的格律失去了现实语音的基础，变成人为的规律。唐代白居易可以根据自己的语音写诗，偶尔会出现不规律的平仄也无所谓。可是唐以后的人不敢随便越轨，一定要遵守人为规律，所以出格的诗反而少。既然是人为的规律，不懂汉语的人也可以写，他们更是斤斤计较于规律，绝不敢写违规的诗了。这样，唐代本来可以咏唱的汉诗（押韵、平仄规律本来是为此而定），脱离了实际语言，变成一种文字上的游戏。

在过去的东亚，各国之间有不同层次的外交关系，如越南和朝鲜使节都为了朝贡赴北京，互相见面；朝鲜通信使去日本，跟日本文人交流，例有汉诗的应酬，这不仅是表现个人才华的机会，更是彼此发扬国威、互争国家威信的重大仪式，好比现在的奥运会、足球世界杯。拿汉诗的酬和当作跟运动比赛一样的东西，现在看起来，不免有点可笑了。

3. 越南的汉诗

因笔者所见有限，前面没能举出越南汉文、汉诗的例子。这里要介绍越南革命家，被尊称为独立之父的胡志明（1890—1969）的汉诗，聊为补充：

> 清明时节雨纷纷，笼里囚人欲断魂。借问自由何处有？卫兵遥指办公门。

胡志明一生献身于越南独立事业，1942年他在中国广西被国民党地方政府逮捕，至1943年才被放出来。他在狱中写了《狱中日记》，此诗就收在《狱中日记》中，题为《清明》。不难看出这一首诗是唐代诗人杜牧脍炙人口的《清明》诗——"清明时节雨纷纷。路上行人欲断魂。借问酒家何处有？牧童遥指杏花村。"——的翻版（其实，此诗不一定是杜牧之作）。胡志明家学渊源，既有汉学基础，也会说官话、广东话。要他写更好的汉诗应该也不难。这只不过是游戏之作，大概坐牢无聊，拿写诗当作消遣工具罢了。虽然如此，我们在了解汉诗普及的背景时，此诗可以对我们有所启发。

前面说到，日本、朝鲜的汉诗诗人不懂汉语，只知道汉诗的格律。不过，仅靠有关格律的知识，不一定能写出像样的汉诗。写汉诗不仅需要合适的内容风格，还需要相应的情感表现。否则就不成其为诗，而流为打油诗了。而要学习汉诗特有的风格、情感，最好的办法是模拟。熟读古人名作，自为模拟，久而久之，自然会写好诗。写汉诗如此，写汉文其实也是如此。

中国的旧体诗文到宋代已然到了绝顶，以后难有新的突破。于是元代以后，学唐和学宋的风潮迭兴，以至近代。如晚明古文辞派所提倡"文必秦汉，诗必盛唐"的口号，明确指定模拟对象，学起来容易，因而风行一时，也影响到朝鲜、日本。日本的荻生徂徕深受其影响，也主张古文辞之说，对提高日人写汉文的水平有很大的贡献。要认真模拟，体会风格，写出好的诗文，本来也不易，李舜臣和夏目漱石的作品算是比较成功的例子。而欲求速成倒也不难，拿来古人名作东抄西抄，凑成一块，也可以写成起码像样的诗文。古今中外，要写好文章，模拟是最好的训练。而要撰写中国诗文，模拟尤为重要，因为汉诗、汉文的文体、形式具有浓厚的人为性质，其所描述的风格、情感也具备无关特殊时空的人类的普遍内涵。也因此，不懂汉语的外国人也可以模拟。

二、东亚各国语言的诗

1. 和歌、俳句、时调

白居易的诗，不论绝句、律诗、古体、乐府等等，离不开汉字，都是汉诗。李舜臣和夏目漱石则不然。他们除汉诗以外，也用本国文字的本国诗体创作，诸如日本的和歌、俳句和朝鲜的时调。

俳句（haiku）由五、七、五字（音节）的三句而成，据说是世界上最短的诗，从江户时代一直流行到现在，最近中国也有汉语作的"汉俳"。夏目漱石也爱好俳句，留下了不少作品，其中也有与汉诗《游子吟》情景类似之作，此举三首：

秋雨に 明日思はるゝ 旅寐哉

（Akisameni asuomowaruru tabinekana）

（秋雨天，明天如何，旅夜难睡。）

秋雨に 行燈暗き 山家かな

（Akisameni andonkuraki yamagakana）

（秋雨天，灯暗山中家。）

眠らざる 夜半の燈や 秋の雨

（Nemurazaru yahannohiya akinoame）

（不眠看，夜半之灯，下秋雨。）

　　这些俳句跟《游子吟》的"楼头秋雨暗"云云意境相似，却因诗型短，更有想象的空间，仔细欣赏，别有一番滋味。

　　时调是朝鲜时代在士人之中流行的诗，可以咏唱，现在韩国还有很多人作，有许多爱好者。李舜臣在作汉诗《闲山岛夜吟》的同时，也作了同样主题的时调：

閑山섬 달 밝은 밤에 戍樓에 혼자 앉아

（Hansan seom tal balgun bame sulue honja anja）

큰 칼 옆에 차고 깊은 시름 하는 적에

（Keun kal yeope chago kipeun sileum haneun jeoge）

어디서 一聲胡笳는 남의 애를 끊나니

（eodiseo ilseonghoganeun name aeleul kkeunnani）

翻成汉语是："闲山岛月明之夜，独坐戍楼。大刀横跨，深为忧愁时，何处一声胡笳，欲断人肠。"时调形式是由三、四、三、四／三、四、三、四／三、五、四、三的三句组成（此作稍有变动），风格接近汉诗的绝句。李舜臣大概作汉诗之余，意犹未尽，再作时调，才算吐露心情。

白居易的《秋夕》诗，在慈圆和藤原定家合撰的《文集百首》（55页）中有和歌的改写：

　　　夜もすがら 月に霜おく まきのやに ふるかこの葉も 袖ぬらすらむ（慈圆）

　　（Yomosugara tsukinishimooku makinoyani furukakonohamo sodenurasuramu）

　　（一夜中，月照置霜小屋里，落下树叶，也湿袖。）

　　　声ばかり この葉の雨は 故郷の 庭もまがきも 月の初霜（藤原定家）

　　（Koebakari konohanoamewa furusatono niwamomagakimo tsukinohatsushimo）

　　（只有声音，落叶雨，想故乡院子、墙垣，都月下初霜。）

和歌的形式是五、七、五、七、七，略长于俳句，俳句是由和歌脱胎而来的。两人的和歌都着墨于原诗的前半"叶声落如

166

雨，月色白似霜"两句的景色，后半孤独之情则点到为止，置之言外。这虽然是受短诗的条件所限，不过由景暗示其情也是和歌的表现特色。

和歌、俳句、时调都是短诗，主要是即兴之作，也都不押韵，与汉诗有别，且其风格比之汉诗似同而实异。朝鲜、日本的文人作汉诗，总觉得隔了一层，作本国的诗，才表现得意无余蕴。这让朝鲜、日本的文人除了拥有汉诗的世界之外，还拥有另一方诗歌天地，这是过去的中国人所不知道的，现在的中国人可能也未必熟悉。

2．日本《万叶集》和新罗的乡歌

日本历代都有和歌集，其中最早的是8世纪后半的《万叶集》二十卷，共收四千五百多首古代和歌。当时还没有假名，全部用汉字写。兹举皇族额田女王所作（卷一），以示其例：

> 茜草指，武良前野逝，标野行，野守者不见哉，君之袖布流。
>
> （Akanesasu murasakinoyuki shimenoyuki nomoriwamizuya kimigasodefuru）

虽然全部用汉字写，中国人看，一定觉得似懂非懂，莫名其妙。歌中"茜草"、"野逝"（行野）、"标野（为了狩猎立标的禁地）行"、"野守"（看守"标野"的人）、"不见"、"君之袖"算是汉语词，却都用训读。其他都是标日语的借用字，有借义的训读，有借音的音读，如"武良前"读成"武（mu）良（ra）前（saki）"，是"紫"字的标音，这种写法后来被称为"万叶假名"。这首和歌的意思是："茜草生，我行紫野，行标野，野守岂不看见，君在挥袖。"

此歌是额田女王在天皇举行打猎大会时，送给她的前夫大海人皇子（后来的天武天皇）的即兴之作。大海人皇子与她分别后，犹自留恋不舍，远远地看见了她，就挥袖示意。额田女王却说："你在众目睽睽之下竟敢对我挥袖，羞不羞？该收敛些吧。"是半戏半嘲的，大海人皇子对此也有答歌。

这在中国是民间男女一问一答的情歌、山歌之类，绝对不能成为汉诗的主题。《万叶集》的和歌多半是这种男女之间的情歌，另有挽歌和宴会、仪式上的杂歌，几乎没有讽喻诗之类的带有政治、伦理色彩的作品。后来的和歌也都如此，这和以载道为主旨的中国汉诗大相径庭。

在《万叶集》的时代，朝鲜半岛的新罗也有乡歌，也用汉字来标新罗语，方法跟《万叶集》差不多，且主题也有所吻合。据《三国史记》记载，真圣女王时有大矩和尚所编的乡歌集《三代目》（888），相当于日本的《万叶集》，可惜早已失传，现存作品

寥寥无几（121页）。这里介绍《三国遗事·纪异·武王》所载《薯童谣》:

> 善化公主主隐，他密只嫁良置古，薯童房乙，夜矣卯乙抱遣去如。
>
> （Seonhuagongju[善化公主] nirimɯn, nʌm kɯzɯk ərə tuko, seodong[薯童] pangʌr, pamai arhʌr anko kata。）

这首童谣虽然全用汉字写，比日本《万叶集》的和歌更是莫名其妙，简直是天方异书，也有点像佛经陀罗尼，中国人肯定看不懂。其中只有"善化公主""密""嫁""薯童""房""夜""卵""抱""去"是汉语词，且除"善化公主""薯童""房"用音读之外，都用训读的发音。其他"隐""良置古"等都是新罗语的借音字，跟日本万叶假名类似。童谣的意思是："善化公主，秘密私通，到薯童房间里，夜里抱着蛋去。"①

据《三国遗事》记载，百济国的武王（600—641年在位），年幼时小名薯童，听说邻国新罗真平王第三女善化公主很漂亮，就偷偷地到新罗，作此歌，诱群童而唱之。童谣满京，达于宫禁，百官极谏，真平王一怒之下，把公主流放到远方。薯童跟随公主，终于成为夫妇，回国后登上王位。

这当然是个传说，此歌也不一定是武王所作。但它的主题跟

---

① 金完鎮．鄉歌解讀法研究 [M]．서울：서울大學校出版部，1980．

《万叶集》一样，都是统治阶级的男女私情，绝对不是中国正统汉诗的诗料。日本从《万叶集》以后，和歌大为发展，可与汉诗分庭抗礼。新罗的乡歌到高丽以后虽成绝响，但是不绝如缕，仍有本国语言的诗歌，朝鲜时期的时调可视为其遗音。而无论是和歌或乡歌，其发生与发展都跟佛教有密切关系，这点与训读相同。总之，两国文人除汉诗以外，还可以作本国语言的诗歌，双管齐下。

3. 契丹语的诗

建立辽朝的契丹人的语言是蒙古语族的一种，跟日语、朝鲜语属于同一系统。他们也许有用契丹文字写就的本族诗歌，可惜没有流传下来。而宋代刘攽《中山诗话》中保留了一首用契丹语写的诗，算是凤毛麟角：

余靖两使契丹，情益亲。习能北语，作北语诗。契丹主曰："卿能道，我为卿饮。"靖举曰："夜宴**设逻**臣**拜洗**，两朝**厥荷**情感**勤**。微臣**雅鲁**祝**若统**，圣寿**铁摆**俱**可忒**。"

诗中加黑的部分是契丹语的汉字标音，据《中山诗话》的说明，"设逻，厚盛也""拜洗，受赐""厥荷，通好""勤，厚重""雅鲁，拜舞""若统，福祐""铁摆，嵩高""可忒，无极"。

全部翻成汉语就是："夜宴厚盛臣受赐，两朝通好情感重。微臣拜舞祝福祐，圣寿嵩高俱无极。"余靖（1000—1064）是北宋仁宗时人，《宋史》本传（卷三百二十）云："靖三使契丹，亦习外国语。尝为番语诗，御史王平等劾靖失使者体，出知吉州。"可见余靖因作了契丹语的诗，回国后被弹劾有失使者体面。此诗虽然是余靖为了讨好辽主一时恭维之作，但当时应该已有契丹语的诗，否则余靖也作不出这样的诗来。且诗中汉语词和契丹语词混用，似亦不押韵，跟新罗乡歌、日本和歌相同。

蒙古成吉思汗的谋士耶律楚材（1190—1244）是契丹人。他的《醉义歌》序（《湛然居士集》卷八）云：

> 辽朝寺公大师者，一时豪俊也。贤而能文，尤长于歌诗。其旨趣高远，不类世间语，可与苏黄并驱争先耳。有醉义歌，乃寺公之绝唱也。昔先人文献公尝译之，先人早逝，予恨不得一见。及大朝之西征也，遇西辽前郡王李世昌于西域，予学辽字于李公，期岁颇习，不揆狂斐，乃译是歌，庶几形容其万一云。

据此序，辽朝寺公大师作了《醉义歌》，是用契丹字写的契丹语诗。耶律楚材的父亲曾把它翻为汉语，耶律楚材没有看到。直至他随蒙古军队征伐西域，到西辽（辽朝灭亡后，耶律大石在新疆所建的喀喇契丹国）跟着西辽郡王李世昌学习契丹字，才把《醉义歌》翻成汉诗。可惜耶律楚材没有把契丹语的原诗记录下来。

《醉义歌》是七言长篇，可见辽时契丹语的诗歌相当盛行。寺公大师应该是僧人，可见契丹语诗歌的发达也很可能跟佛教有关系。

耶律楚材为什么没有保留契丹字的原诗，现在不得而知。前面提到，契丹小儿训读式的诵诗由洪迈介绍，契丹语的诗只存余靖的恭维之作，都是宋人的记录，没有契丹人自己的相关记载。虽然契丹文献大部分湮没不存，但亦可推测，耶律楚材也许以为既然有汉译诗，就不必保留原诗。一般来说，距离中国越远，对本民族固有文化的意识越强。其中日本最强烈，朝鲜半岛介于中间。

其他近邻民族用本族语言所作的诗，或其汉译，东汉有《白狼王歌》(《后汉书·南蛮西南夷列传》，有汉译和原歌汉字标音)、北齐有《敕勒歌》(《乐府诗集》卷八十六，原诗为鲜卑语，只存汉译)。回鹘人也有汉字和回鹘文字混用，且把汉字训读为回鹘语的诗①。越南也有使用字喃和汉字的本国歌曲。如果算上现代中国境内的少数民族，如壮族、纳西族等用本族文字所写的歌词的话，种类就更多了。这些近邻民族用汉字或固有文字，或汉字和固有文字混用写就的本族语言的诗，还有文章，即使全用汉字的万叶和歌或新罗乡歌，只懂汉语的人都看不明白，何况用本族文字写的，只懂汉语的人若要看明白，除非学习该文字和语言。一方面有放之四海而皆准的正规汉文、汉诗；另一方面有这

---

① 庄垣内正弘. 文献研究と言語学——ウイグル語における漢字音の再構と漢文訓読の可能性——[J]. 言語研究，2003（124）.

些本族语言的诗文，两者各在一端，而两者之间有广阔的空间，足以容纳不同层次的多种文体，这就是东亚文字的书写特征。下面介绍具体的例子。

三、东亚的变体汉文

1. 中国的各种文体

要考察东亚各种文体，先要知道中国本来有多种文体。最重要的当然是正规汉文，也就是一般说的文言文或古文，是东亚共通的书写语言。其实，文言文也有好多种类，例如政府的法令、官府的行政文书所用的吏文，书信所用的尺牍文，还有用对仗、讲究平仄的骈文等。吏文、尺牍文合称吏牍文，因为官府公文也是一种书信，都是应用文，与用于文学作品、历史记载的文言文、古文有所分别，自有其特殊的语法和用辞，且使用范围更为广泛。东亚各国从中国学习的并不仅仅是正规的汉文，吏牍文等的影响也不可忽视。

这里举一个例子来说明。"仰"字一般是由下望上的意思，如"俯仰天地""仰望高山"等。可是在官府公文中有一种特殊用法，用于上头命令属下遵办时，如"诸道阵亡人家，仰州县存恤"（《唐大诏令集》卷六十六《后土赦书》），是皇帝下令让属下州县官府存恤各地阵亡人家，由上临下，跟一般的用法相反。这种用法从南北朝开始一直到清朝，在官府公文中常见，却不见于其他文类。而日语中这一用法在现在的口语中也很普遍，如"仰せ"（oose）是命令，"仰付"（oosetsukeru）是下令的意思，不限于公文。这显然是受到中国吏文的影响，而使用范围不限于公文。

中国各种文体之中对东亚文体的演变影响最大的，应该是佛经以及佛经注解所用的文体，日本学界称为佛教汉文。佛教汉文作为梵文的翻译文体，除保留部分梵文文体痕迹之外，出于宣教的需要也生发了种种特性。如常见于佛经开头的"如是我闻"是梵文语法的反映，按照汉语的语法，应该说"我闻如是"（也有部分佛经就翻成"我闻如是"）。还有表示因果关系的连词"故"字，一般文言文放在后句的开头，如"人杀吾子，故哭之"（《史记·高祖本纪》），而佛教汉文则放在上句的末尾，如"净饭王爱念子故，常遣使问讯"（鸠摩罗什译《大智度论·序品》），"三世诸佛依般若波罗蜜多故，得阿耨多罗三藐三菩提"（玄奘译《般若心经》）。文言文也有"以义帝死故，汉王闻之，袒而大哭"（《史记·高祖本纪》）等的"以……故"的语法，只是不多见。这种佛教特有的文体，对后来东亚变体汉文的产生有很大的影响。

另外，佛教汉文反映梵文文体，会有很多重复、罗列，以致显得句子冗长。尤其是修饰语很长，如"十方无量不可思议诸佛世界诸菩萨众"（曹魏康僧铠译《无量寿经》卷上），是"十方无量的，不可思议的，诸佛世界的诸菩萨众"的意思。中国的文章除受到西文影响的现代文以外，过去的文体最忌这种很长的修饰语，因为哪些是修饰语，哪些是被修饰语，一时搞不懂。而日语、朝鲜语都把表示因果关系的连词放在上句末尾，且有修饰语较长的特点，与梵文相似。这也是古代日本、朝鲜人认为本国语言类似梵语的原因之一。

再说，初期的汉译佛经为了宣教的必要多用口语词汇，至唐代出现了使用大量口语词汇的禅宗语录，敦煌变文等民间白话文学也跟佛教有密切的关系。到宋代儒家也有《朱子语类》等口语文献，后来就导致了元明时期《三国志演义》《水浒传》等白话小说的繁荣，也影响到东亚各国的文体。佛教不仅对宗教思想，也对汉语的文体、文学产生了深远的影响。这些中国的各种文体都传播到东亚各国，各有独特发展，这就是产生种种变体汉文的一个重要背景。

2. 变体汉文的层次

所谓变体汉文是指，正规汉文由于种种原因发生变化，成为不正规的文体，一般指称历史上日本、朝鲜半岛所用的受到本国语言干扰的汉文。变体汉文根据撰写人的意识形态或水平，大致可分为以下四个层次：

① 撰写人本来要写正规汉文，却由于对汉文语法的理解不够，或有所误会，以致成为不正规的文章。这可称为不成熟的汉文。

② 与①相同，而受到撰写人无意识的母语语法或词汇干扰的影响，导致似是而非的变体。日本把这种现象叫作"和习""和臭"，就是写出来的文章带有日本味道。所谓"和习""和臭"中其实也包含着一些来自中国正规汉文以外文体、词汇的用法。日本以外也有同样的现象。

③ ②的无意识改为有意识，不介意正规不正规，明知故犯，按照本国的语法、词汇来改换正规汉文的文章。这又可分为（a）只颠倒语序仍保留汉文外貌的文体和（b）加上本国助词、语缀的汉字表记，适于用本国语言阅读的文章。（a）接近②，（b）与④相通，如把助词、语缀改用本国文字，则成为汉字、本国文字的混用文。打个比方，②好似日本人做西餐总不免有日本味道，而③好比积极地加上日本风味，且用筷子吃的和风西洋料理。变体汉文的主体是③。其中先用本国语言构想，然后把它写成汉文的，有时就叫作"拟汉文"。

④ 把汉字当成表音文字，取音弃义，用以记述本国语言的文章，如日本的万叶假名、新罗的乡歌。这不算是汉文，可称

为汉字文。可也不能说跟汉文完全没有关系。如额田女王的和歌中，"野守者不见哉，君之袖布流（挥）"，把宾语"君之挥袖"放在动词"不见"的后面，是汉文的语序。这大概受到"君不见，黄河之水天上来"（李白《将进酒》）之类汉诗常用语法的影响。④后来发展成本国文字的文章或汉字、本国文字的混用文。

当然，以上四个层次之间的界限并不那么明显，各个层次之间可能还有多种层次。不过由①到④，不管是文体上或撰写人的意识形态上，越往后越脱离正规汉文。在④之外，还有假名、韩文字（谚文）、回鹘文字、字喃等本国文字的文章，也有汉字和本国文字的混用文。

以往研究变体汉文的日本学者一般都认为变体汉文是中国的正规汉文传到近邻各国，受到本国语言的影响所变化的文体，其实，变体汉文的产生并不限于中国域外。前文已经说明，中国除了正规汉文以外也有很多不同文体，如明清时代的白话文，从文言文的角度来看，也可以说是一种变体汉文。而所谓白话文也有好几种，如《三国志演义》虽然一般被称为白话小说，其实，它的文体是以通俗文言文为主，加以部分白话文；《水浒传》则以白话为主，文言为从，都可称为文白混用文。另外，在使用文字方面，虽然全都是汉字，正规汉文全用正楷体，白话文就用俗体字，也有正楷和俗体、异体字混用的，层次不同，类似东亚的混用文。从这个角度来看，中国也有变体汉文。下面要介绍各种变体汉文的实例。

3．不成熟的汉文

下面以日本最早的史书《日本书纪》举例说明。"有大虬，令苦人。"（卷十一《仁德纪》六十七年）"令苦人"按照正规汉文的语法，应该是"令人苦"。大概是撰写人对汉文语法的了解不够，先入为主地认为汉文都是动宾结构，不知使动句的语法，因此写成"令苦人"。"臣敢所以献是物"（卷八《仲哀纪》八年），正确的写法是"臣所以敢献是物"；"其为我虽有大功，于己君无慈之甚矣。"（卷十二《履中纪》即位前）应该是"其虽为我有大功，于己君无慈之甚矣。""敢""虽"字位置不对，也是不熟于汉文语法所致。《日本书纪》中这种例子很多，不胜枚举。

后来的日本汉文中，这样的例子更多，比比皆是。如江户时代"寺子屋"所用的启蒙教育教科书《古状揃》中的源义经（1159—1189）《腰越状》云："此条古亡父尊灵再诞之非缘者，谁人申披愚意悲叹。"（图35）"古亡父"是"先考"之意，"者"

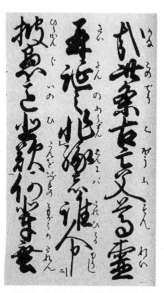

图35 《古状揃》中的《腰越状》

表示假定。此文"非"字的位置不对。如改写正规汉文，应该是"此事若非先考尊灵再诞之缘，何人能申愚意之悲叹乎"这样才对。原文"古亡父尊灵再诞之"是"缘"的修饰语，而否定词"非"放在被修饰语"缘"的前面。发生这一错误的原因是，撰写人只知道正规汉文要把否定词"非"放在名词之前（日语放在名词之后），却不知如有修饰语，要放在修饰语之前。这也是日本汉文常见的现象。反正用训读来阅读，没有什么分别。日本中世最常见的汉文就是这种文体。日本送给中国、朝鲜的外交文书中也不乏这种文体，中国人看了这种文章，必定十分迷惑。

4. 和习（臭）汉文

光明皇后御笔《杜家立成杂书要略》中的《雪寒唤知故饮书》，在多贺城发现的木简中被写成"雪寒呼知故酒饮书"（57页），是日语的反映，算是和习（臭）。《日本书纪》中"有"和"在"的误用也算是和习（臭），如"若神有其山乎"（卷七《景行纪》十八年七月）；"时多迟花落有于井中"（卷十二《反正纪》即位前），"有"字都是"在"字的误用，是日语不分"有""在"所致。新罗慧超《往五天竺国传》也有同样的误用（120页）。

最多的误用是语序的颠倒，如大津市濑田的超明寺现存养老

图36 超明寺碑。见东野治之、平川南《よみがえる古代の碑》(历史民俗博物馆振兴会,1999)。

图37 新罗《壬申誓记石》。见《新罗金石文拓本展》(成均馆大学博物馆,2008)。

元年(717)的石碑上题:"养老元年十月十日石柱立　超明僧"(图36),"石柱立"是"立石柱"之误,是日语语序。

现在日本报纸上或商店海报上经常能看到"初心者欢迎,经验不问"的招人启事。"初心者"是没有经验的初学者,整句话的意思是"欢迎初学者,不问经验"。这种颠倒语序的汉文很普遍,要举例不胜其烦。举此一端,可概其余。

5. 新罗的《壬申誓记石》和《葛项寺造塔记》

下面再看朝鲜半岛类似的例子。新罗的《壬申誓记石》(图37)是552年或612年所刻,其文如下:

壬申年六月十六日,二人并誓记。天前誓,今自三年以后,忠道执持,过失无誓。若此事失,天大罪得誓。若国不安大乱世,可容行誓之。又别先辛未年七月廿二日大誓,《诗》《尚书》《礼传》,伦得誓三年。

新罗时代有一种年轻武士集团，成员叫作"花郎"，平时一起生活，训练武艺，一旦发生战事，一同出战。此文为两个花郎互相发誓的文章，大部分是新罗语的语序。如果改为正规汉文，大概如下：

> 壬申年六月十六日，二人并誓记：誓于天前，自今三年以后，执持忠道，誓无过失。若失此事，誓得大罪于天。若国不安大乱世，可容行誓之。又别于前辛未年七月廿二日大誓：誓于三年（之内）伦①得《诗》《尚书》《礼传》。

文中"誓之"的"之"不是动词"誓"的宾语，而是新罗语句末终结语缀"-che"的借音字，后来也用"齐"字。"之"的终结语缀的用法，也见于中国南北朝北朝系统的文章，日本汉文也有其例②。

《壬申誓记石》中，除了"誓之"的"之"以外，没有新罗语语缀的借用字，只是语序颠倒而已。这到底是不娴于汉文语法的缘故呢，还是故意这样写的？无从得知。可是既然要学《诗经》《尚书》等儒家经典，似乎应该熟悉汉文语法，如果这样，此文可以说是相当于前面的③（a），明知故犯的典型变体汉文，是在朝鲜、日本流通最广的文体。

---

① "伦"字不得解，存疑。
② 小川環樹. 稲荷山古墳の鉄剣銘と太安万侶の墓誌の漢文における Koreanism について [M]// 小川環樹. 小川環樹著作集 5：日本文化と中国·随想. 東京：筑摩書房，1997.

譬如说日本报纸上常见的如下文章：

　　外相会議は日本の拉致（日语、韩语"绑架"之意）問題解決についての立場に理解を表明して閉幕、日本政府を支持する議長声明を発表。

如果把假名的助词改为对应的韩文助词：

　　外相會議는 日本의 拉致問題解決에 관한 立場에 理解를 表明하고 閉幕，日本政府를 支持하는 議長聲明을 發表。

这样完全可以成为韩文的文章，只是现在的韩国连汉字词汇也用韩文字表记罢了。而试把文中的助词全部拿掉，则成为：

　　外相会议日本拉致问题解决立场理解表明闭幕，日本政府支持议长声明发表。

这样就很像《壬申誓记石》的文体。日本人、韩国人还看得懂，因为语序是本国语言的。要让中国人看懂，恐怕很难。如果改写成：

　　外相会议对日本有关绑架问题的立场表示理解而闭幕，发表了支持日本政府的议长声明。

这样就会了然于心了。简单地说，变体汉文和正规汉文的差别就是如此。

新罗还有加上本国语言助词、语缀的变体汉文，下面《葛项寺造塔记》就是其例：

二塔天宝十七年戊戌**中**立**在**之，**娚**姊妹三人业**以**成**在**之。**娚**者零妙寺言寂法师**在旀**；姊者照文皇太后君**妳**（奶）**在旀**；妹者敬信大王**妳**在也。

此文的意思是：

二塔于天宝十七年戊戌所立，兄弟姊妹三人以（自己的）产业所成。兄弟是零妙寺言寂法师；姊是照文皇太后君的奶妈；妹是敬信大王的奶妈也。

二塔建于天宝十七年，其实天宝只有十五年（742—756），没有十七年，天宝十七年实际上是肃宗乾元元年戊戌岁（758）。大概当时唐朝因安史之乱造成的混乱，改元消息没有传到新罗。敬信是新罗元圣王（785—798在位）的名讳，照（昭）文皇太后为其母。可知此造塔记的撰写年代在785年以后。"娚"是姊妹对兄弟的指称，是新罗作的国字，不是汉字。

加黑的"中"相当于汉文的"于"，是后置词；"之"是句末

终结语缀"-che"的借音字;"旀"是连接语缀"며"（myeo）的借音字;"以"是表示手段的后置助词"로"（ro）的训读字,"业以"就是"以业";"在"是表示存在、判断的动词"겨"（gyeo）的训读字,相当于汉语的"是"。

　　此文应该用新罗语来阅读,是新罗语化的变体汉文,相当于前面的③（b）。

6. 法隆寺《药师佛光背铭》

图38　法隆寺金堂的《药师佛光背铭》

　　跟新罗《葛项寺造塔记》一样,按照本国语序来写,且加上助词、语缀的变体汉文,在日本古代也有很多例子。在此举世界最古老的木构建筑（693年以前）法隆寺金堂的《药师佛光背铭》（图38）为例:

　　池边大宫治天下天皇,大**御**身劳**赐**时,岁次丙午年,召于大王天皇与太子**而**誓愿**赐**:"我大**御**身病,太平欲**坐**故,将造寺,药师像作**仕奉**。"

诏。然当时崩**赐**,造不堪者。小治田大宫治天下大王天皇及

184

东宫圣王，大命受赐，而岁次丁卯年**仕奉**。

此文的意思是：

池边大宫治天下天皇（用明天皇）生病时，岁次丙午
年（586），召了大王天皇（敏达天皇皇后，后来的推古天
皇）与太子（圣德太子）发誓愿："我生病，欲太平（治好）
之故，将要造寺，作药师像。"这样有诏。然当时崩逝，不
能造。小治田大宫治天下大王天皇（推古天皇）和东宫圣王
（圣德太子），受到大命，岁次丁卯年（607）造了。

文中除"太平欲""药师像作""造不堪""大命受"等是日
语语序之外，加黑的"御""赐""坐""仕奉"等都表示日语的
敬语成分。还有"召于大王天皇与太子"虽然是汉文语序，但动
词和宾语之间加了"于"字，"太平欲坐故"的"故"字的后置，
可能是受到佛教汉文的影响。

7．日本宣命体和新罗的"教"

《药师佛光背铭》引用了用明天皇的诏书。到了奈良时代，
随着中央集权政治体制的形成，天皇频发各种诏敕，而其文体也

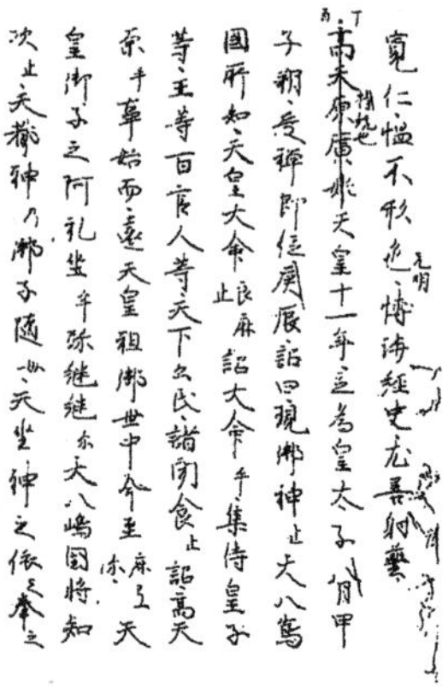

多用变体汉文，称为"宣命体"。最早的例子见于《续日本纪》文武天皇即位时（697）的宣命（图39），其开头部分如下：

> 诏曰："现御神止大八岛国所知天皇，大命良麻止诏大命乎，集**侍**皇子等、王等、百官人等、天下公民，诸闻**食**止。"诏。

图39 文武天皇即位宣命

此文意思是：

> 诏曰："作为现御神（出现在人间的神），所知（统治）大八岛国（日本）的天皇，作为大命所诏的大命，集合的皇子们、王们、百官们、天下公民，都要听。"这样诏了。

文中加黑的"侍""食"表示日语的谦语成分。小字"止"（to）、"良麻止"（ramato）、"乎"（o）都是日语的助词，这样的写法就叫"宣命小字体"。之所以这样写，是因为"宣命体"是在大家面前宣读的，如果没有助词，听众难以听懂。而助词用小字写，使得宣读人容易分辨助词。中国的典籍中小字本来是用于注解的，高丽均如的《释华严教分记圆通钞》也有用小字写助词的例子（125 页）。因此，有些日本学者主张这种"宣命小字体"的书写习惯跟出现在朝鲜半岛的与之类似的文体"吏吐文"（见后）有关①。

　　元代流行的戏曲叫作杂剧，即一般所谓元曲。元曲的歌词有正字和衬字之别，正字主要是文言，衬字则多半是白话。而有些元曲的明代版本，把歌词的正字和衬字用大小字来分写（图 40）。这跟"宣命体"当然毫无关系，是偶然的巧合。不过元代以后文白混用的现象与日本、朝鲜汉文、本国助词并用的现象，可以说是一脉相通的。

後庭花依着他休離了我行坐間只道十箇字不放
閑盖不聞法正天心順只他這官清民自安姑姑着
他看今番我着他實實稱讚姑姑你念經處不放閑
閑管處手段辣你若題着這庄兒公案只你那觀名兒
柳葉兒姑姑你東山裏做謝安南山南揷蓁弱蘭
喚做清庵你道是鸞交鳳友從來慣怕有人擔疾患
來你行求尤散你只與他這一服靈丹姑姑你專醫

图 40　元曲《望江亭中秋切鱠旦》第一折。见《古本戏曲丛刊四集》（商务印书馆，1958）。

　　"宣命体"及新罗的同类文体，除了语序和助词、语缀的表记之外，还有一个有趣的共同点。"宣命体"首先云"诏曰"，文章最后再加"诏"字，表示诏书到此结束，"诏"字前后重复了。而新罗的变体汉文中也有同样的写法，如新罗最古老的石碑《迎日冷水里新罗碑铭》（443 或 503）中有如下一节：

　　　　斯罗喙斯夫智王、乃智王，此二王**教**："用珍而麻村节

① 大岛正二. 漢字伝来 [M]. 東京：岩波书店，2006：117.

居利为证尔，令其得财。"**教**耳。

意思是：

斯罗（新罗）的喙（部族名）的斯夫智王、乃智王，此二王的教："用珍而麻村（村名）的节居利（人名）的（发言）为证，令其得财产。"如此教。

"教"是国王的命令。按照中国的规定，只有皇帝才能用"诏"，底下的王要用"教"。新罗国王不敢用"诏"，日本天皇则不在乎中国的规定，敢用"诏"。可是，此文前后都有"教"字，跟日本"宣命体"的前后有两个"诏"字相同。这是因为并用了汉文的前置结构和日语、朝鲜语的后置结构，可视为正规汉文演变为变体汉文过程中的一个标识。

8. 朝鲜的"吏吐文"

"吏吐文"的"吐"指的是朝鲜语的助词、语缀，"吏吐文"是加上朝鲜语助词、语缀的吏文。下面是 1680 年（朝鲜肃宗六年）的"吏吐文"[1]（图 41）：

---

① 京都大学附属图书馆所藏古文书，编号：河合文库 //133。

方时振。

右谨陈所志**矣段**，粘连买得文记相考，依他例斜给**为白只为**。行下**向教是事**。

汉城府　处分。

康熙十九年六月　日，所志。

图41　朝鲜所志

"所志"是向官府提出的申请书。此文为方时振购买土地之后，向汉城府（位于今首尔的官府）提出的申请书。意谓："相考所粘连的购买文书，乞望按例'斜给'（发下许可证明），'行下'（下命令）之事，由汉城府处分。"加黑部分都是朝鲜语的汉字表记，这里不必细表。

从新罗时代开始，一直到朝鲜王朝末期的20世纪初，官家公文以及民间买卖所用的契约、合同文书，基本上都用"吏吐文"。"吏吐文"是朝鲜半岛通行最久最广的文体。

也有人用"吏吐文"写文学作品。高丽末期的文人官僚李兆年（1269—1343）所著《鹰鹘方》①（养鹰指南书）附有《沔

---

① 首尔大学奎章阁韩国学研究院藏抄本，编号：가람古615.135-Y58m。

　　박성종 . 李兆年의『鷹鶻方』에 나타난 吏讀文 作品에 대하여 [J]. 국어국문학，2008（148）：5~37。

川居韩进士状》，是借用"吏吐文"形式写的一篇戏文。其开头部分是：

> 右谨言所志**矣段**，陇西**接**前翰林李太白**亦**，其**矣**祖上传来使用**为如乎**，婢诗今及一所生婢墨德、二所生婢笔今、三所生奴纸筒等四口乙，被谪多年，愁火焦肝**分叱不喻**，华阴县逢辱以后，日渐增恨，五藏（脏）枯旱**为沙乙余良**，谪所穷困，年老益深，酿酒难继**乙仍于**，放卖计料**是如**。

此文文体与上面介绍的"所志"无异，加黑部分是朝鲜语的汉字表记。内容是韩进士替李白提出的"所志"。李白由于被谪多年，生活穷困且年老，连酿酒的钱都没有，不得已要卖祖先留下来的婢女诗今及其所生墨德、笔今、纸筒（是文房四宝中墨、笔、纸的拟人化）。接下来杜甫出面为李白做证人，发生种种事情。

所谓"华阴县逢辱"指的是，李白辞职翰林学士以后，骑驴到华阴县，被县令阻挠，就交供状说："无姓名，曾用龙巾拭吐，御手调羹，力士脱靴，贵妃捧砚。天子殿前尚容走马，华阴县里不得骑驴。"这个故事最早见于北宋刘斧《青琐高议》（后集卷二），也见于明代冯梦龙所编白话小说集《警世通言》所收《李谪仙醉草吓蛮书》。

在世界文学当中，书简体的作品为数不少，如法国孟德斯鸠的《波斯人信札》（1721）、德拉克洛的《危险关系》（1782）等。

可是官府公文体的作品，恐怕罕见其例。中国的公案小说在结局部分也往往有官府的断词，可见官府公文体在社会上流行之广、影响之大。

除了吏吐文以外，朝鲜王朝时期的汉文书信也有特殊的文体。下面是洪仁祐（1515—1554）寄给乃师，朝鲜最有名的儒学者李滉（号退溪，1502—1571）的书信[①]：

> 谨拜问。令候何如？前承令枉，实非孤许所堪，迫自不胜天幸。但似率尔，未得稳讨，为学之方，犹未开质，追恨不已不已。所令教寒暄堂行状付册，偶得于友，看来甚草草也。就恐须白令笔法，乞须令领一挥以惠，深仰深仰。仁祐此求，非但为墨迹也。更勿令麾，尤企尤企。且前受令律，有"鬼谁何"一语，未谙何指，须令示何如？

文中"令"字是敬辞，跟中国的"令尊"（对方父亲）、"令堂"（对方母亲）的"令"一样，可是用法不同于中国。中国的"令"字一般都放在名词（人物）之前，而此文用于动词。如"更勿令麾"是"更勿推辞"的意思。这算是朝鲜书信文的变体汉文。

---

① 洪仁祐. 上退溪书 [M]// 洪仁祐，宋寅，沈守慶，朴承任，楊士彥，李之菡，林芸，許曄. 韓國文集叢刊 36：耻齋遺稿 頤庵遺稿 聽天堂詩集 嘯皋集 蓬萊詩集 土亭遺稿 瞻慕堂集 草堂集 . 서울：民族文化推進會，1989.

9. 日本的"候文"和中国的尺牍文

"候文",因句末加"候"(sourou)字而得名,是日本近世流通最广的文体,略相当于朝鲜的"吏吐文"。下面是明治时代有代表性的推动欧化的思想家福泽谕吉(45页)在安政四年(1857)写的书信的开头部分①:

> 芳翰**难有**拜见**仕候**。寒气强**御**座候处,益**御**勇健**被成勤仕**,珍重**不斜奉**存候。随而**私**义无异消光**仕候,乍惮御**放念可**被下候**。

加黑部分是日语成分,如"难有"是"感谢","不斜"是"非常","乍惮"是"惶恐"的意思。"御""奉""被"分别表示日语的敬语成分。全文意思是说:"拜见芳翰(来信)感谢。寒气仍强之处(时),您益以勇健勤仕,非常珍重(可贺),至于私(我)消光无异(照常过日),虽惶恐,可以放念(放心)。"福泽谕吉生平写的书信,现在留下来的约有两千五百多封,绝大多数是用"候文"写的,因为当时社会习惯如此。

日语句末的终结法很复杂,视情况或身份上下关系有好几种说法。如"我是学生"日语可以说"私は(wa)学生です

① 慶應義塾.福澤諭吉書簡集1:安政四(一八五七)年~明治九(一八七六)年[M].東京:岩波書店,2001:5.

（desu）"，也可以说"私は（wa）学生である（dearu）"等等。"ある"（aru）就是"有"的意思，表示指定、强调，其功能与新罗《葛项寺造塔记》的"在"字相等，也可以说，跟汉文表示断定的句末助词"也"相似。

"候"是"有"的谦让语。古代用"侍"字，到平安时代末期（11世纪）以后就开始用"候"字[①]。其中最早的例子见于藤原明衡（989—1066）的《明衡往来》（"往来"是书信的意思），如下：

说法之事，不堪之身，颇耻入候之处，蒙此仰之间，弥向壁赤面、卧地流汗了。

意思是："说法之事，我本来身不堪其任，颇觉羞耻之处（时），承蒙您的嘉许，弥觉惭愧，红了脸向壁，连睡卧时也要流汗了。"其中"仰"字本来是下令之义（173页），这里转指贵人的称赞。

当时为什么用"候"字呢？"候"以伺望、察看为原义，尤其是由下望上的伺察，如"问候""伺候"。后来在尺牍文中引申为所伺察的对方情况之义。南宋陆游《老学庵笔记》云："前辈尺牍有云：尊候胜常。"（卷五）"尊候"指对方近况而言，"候"转为名词。此例在北宋书信中尤为常见，如黄庭坚的《山谷简尺》中就有"伏

---

① 橘豊. 往来物 [M]// 橘豊. 書簡作法の研究. 東京：風間書房，1977.

惟尊候万福""不审尊候何如""喜承尊候康和"等语。这似乎是宋代尺牍文特殊的用法，一般文言文或其他时代的书信中都很少见。《朱子语类》引林少颖说："如今人'即日伏惟尊候万福'，使古人闻之，亦不知是何等说话。"（卷七十八）

"候文"的出现正当北宋时期，当时日本和中国之间，虽然没有正式邦交，但民间贸易尤为盛行，反过于唐代。《明衡往来》中也有"宋朝商客其舶已来，货物数多，倍于前"之语。且日本从古就重视中国的书信范本，光明皇后抄写的《杜家立成杂书要略》（56页）也是书信范本。由此而推，日文变体汉文书信中"候"字取代了之前的"侍"字，也许是受到当时中国尺牍体的影响。

"候文"当初是书信文所用，也用于口语，如日本古典戏剧能剧的台词多用"候文"体。后来政府的法令、公文也都用"候文"。到江户时代就成为使用范围最广的文体。如明治维新前夕，庆应三年（1867）十二月所发的"王政复古"（天皇亲政）布告[①]也用"候文"：

  德川内府从前御委任大政返上、将军职辞退之两条，今般断然被闻食候。抑癸丑以来未曾有之国难，先帝频年被恼宸襟候御次第，众庶之所知候。依之被决叡虑，王政复古、国威挽回ノ（之）御基被为立候间。（下略）

① 内閣官報局 . 法令全書 [M]. 東京：内閣官報局，1887.

意谓："德川内府（幕府将军）把从前委任的大政要还（给天皇）、辞将军之职两事，现在一定都闻到了。癸丑（1853）以来未曾有之国难（指美国逼日本开国之事），先帝（孝明天皇）频年为此苦恼宸襟，是众庶之所知。因此，下圣断要建立王政复古、挽回国威之基。"

明治维新不仅是日本政制的大转换期，也是日文文体转变的重要时期。现在日本通用的汉字、假名混用书面语的基础于明治时代逐渐形成，而新文体的成立，一般都认为是以汉文训读体为基础，受到欧化翻译文的影响。梁启超用《和文汉读法》来翻译的就是这种文体。其实，除此之外，还有"候文"的影响。

福泽谕吉是明治时代数一数二的文章能手，当时已有定评。他在明治三十一年（1898）出版的《福泽全集绪言》中，自夸说："余之文章概为平易而易读，世间评论既许之，笔者亦信之无所疑。"（原为日文，下同）然后现身说法地说明明治新文体的写法：

> 汉文的汉字之间插了假名，或删除俗文中的"候"字，虽然均可为著译之文章，但以汉文作为基础的文章，即使有假名仍然是汉文，难解文意。反之，俗文俗语中即使没有"候"字，因其根本是俗，可通用于俗间。但俗文之不足处，须用汉文字来补充，则非常便利，决非可弃。

文中的"汉文"指正规汉文，字间插假名就是训读文，"俗文"指"候文"。福泽主张要写平易畅达的文章，宜以"候文"为主，用汉文训读体作为补充。由此可见"候文"的通俗性质。当时能写正规汉文的人极少，远不如能写"候文"的人多。

朝鲜的"吏吐文"和日本的"候文"，乃为两国近世最广泛通行的文体。从当时绝大多数人的眼光来看，虽然都是变体汉文，但这才是本国的正规汉文，而所谓的正规汉文只不过是中国的汉文而已。

10．蒙文硬译体和汉儿言语

读者看到这儿，大概以为这么奇奇怪怪的变体汉文，都是中国域外的事，跟中国无关，中国可没有这么奇怪的文体。其实不然，请看下面文章：

> 至元二十九年十月二十六日，奏过事内一件："官人每说，随路江南罪囚每，哏迟慢着有。"奏呵，"为甚那般迟慢着有？"圣旨有呵，回奏："贼每根底，交大札鲁忽赤每断者，圣旨有来。为那上头，等大札鲁忽赤每断呵，误着有。"奏呵，"不须等札鲁忽赤断，合断的，交随路官人每断了者。"圣旨了也。钦此。

这是元代的法令集《元典章》中的一节（《刑部》卷二《刑狱·断狱·随路决断罪囚》），是皇帝忽必烈和廷臣们围绕江南断狱方法的问答。至元二十九年（1292）十月二十六日，大臣们上奏的案件之一，"官人们说，随路江南罪囚们的（断狱）很迟慢"。这样上奏啊，有圣旨说："为什么那样迟慢？"回奏说："前有圣旨说，对贼人，让大札鲁忽赤（蒙古审判官）们断狱。因此，让大札鲁忽赤们去断狱，以致耽误了。"这样奏啊，有圣旨说："不须让札鲁忽赤断，应该断的，让当地官人们断吧。"这样有圣旨了。钦此。

文中两处"圣旨有"即"有圣旨"的颠倒，是蒙文的语序，而两处"迟慢着有"和"误着有"的"有"字，是蒙文的句末语缀"a-"的翻译，其功能相当于新罗碑文的"在"和日本"候文"的"候"。还有"贼每根底"的"根底"是相当于汉语"对"的后置词，也是蒙文语法。总之，此文是反映蒙文语法的变体汉文，中国学者把它称为蒙文硬译体（日本学者叫蒙文直译体），可算是中国历代文章中最奇怪的文体。且"圣旨有呵""圣旨了也"都在圣旨内容的后面，与日本宣命体的"诏"、新罗碑文的"教"后置相同，这是因为蒙文和日文、朝鲜文语序相同之故。

元代蒙古皇帝的圣旨基本上全用这种蒙文硬译体，刻在石碑上的圣旨也照样刻了这种奇怪的文章。不仅如此，当时还有人用这一文体翻译了儒家经典。前面介绍的许衡《大学直解》还用了普通的白话文（153页）。汉化回鹘人贯云石（原名小云石海

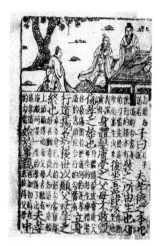

图42 贯云石《孝经直解》。见太田辰夫、佐藤晴彦《元版 孝经直解》（汲古书院，1996）。

涯，1286—1324）的《孝经直解》把《孝经》的"夫孝德之本也"翻成"孝道的勾当是德行的根本有"，这个"有"字与上面《元典章》"迟慢着有"的"有"字完全相同，《孝经直解》用蒙文硬译体翻译了《孝经》全文，且上面配有图画，是图文并茂的通俗本（图42），可见这一文体在当时流行之广。高丽傻长寿写的《直解小学》（145页）虽已失传，也许也是用的这种文体。也有人用这种文体写信。

在内蒙古额济纳旗的黑城（元代亦集乃路）遗迹发现的当地民众写的书信中有如下文章①：

> 要赵二哥与你带钞，不肯带有，随后与你带来。……雇下的觉不来了也。我每也不去有，你每知道者。（原文无标点，是笔者所加）

文中"不肯带有""不去有"的"有"字，跟前面《元典章》

---

① 内蒙古文物考古研究所，阿拉善盟文物工作站，李逸友.黑城出土文书（汉文文书卷）[M].北京：科学出版社，1991.

的用法相同，可见蒙文硬译体并不是皇帝专用。既然可以写信，那么，当然也可以用为口头语言。

元代末期很多高丽人寄居大都（北京），高丽与元朝两地之间的交流、贸易也很频繁。于是高丽人编写了一本当时汉语口头语言的会话教科书，叫《老乞大》。"乞大"是"契丹"的异写，当时西方很多民族都把中国叫作"Kitat"（"Kitan"的复数形），现在俄语把中国叫作"Китай"（Kitay），英文的"Cathay"也是来自同一语源，国泰航空的"国泰"就是"Cathay"的谐音。"乞大"是"Kitai"的音译。"老乞大"就是"老中国"，意谓熟悉中国的人。

此书以高丽商人去大都经商为线索，安排不同的场合，如投宿、用餐、遇贼、卖马、写合同、宴会、看医生、买东西等等，以生动的会话形式描写，以供学习汉语之用。其中有如下一段 [①]：

> 恁（同"您"）是高丽人，却怎么汉儿言语说的好**有**？
> 俺汉儿人上，学文书来的上头，些小汉儿言语省的**有**。

当时的北京是汉人、蒙古人、契丹人、女真人、色目人等很多民族杂居的地方，他们所用的就是这样一种奇怪的语言。学者把这种语体叫作"汉儿言语"。"汉儿言语"作为口语，与书面语

---

① 老乞大：朝鮮中世の中国語会話読本 [M]. 金文京，玄幸子，佐藤晴彦，訳注．鄭光，解説．東京：平凡社，2002.

的蒙文硬译体虽有点差别，但基本上是一致的。《老乞大》明朝时期的改订版，把句末的"有"字都删掉了。

元曲现存的版本大部分都是明代的刊本或抄本，情节、语言都有所改订。而《元刊杂剧三十种》是保留元代原貌的硕果仅存。其中《古杭新刊的本尉迟恭三夺槊》的第一折开头有宾白如下[①]：

〔疋先扮建成、元吉上，开〕：咱两个欲带（待）篡位。争奈秦王根底有蔚（尉）迟，无人可敌。元吉道："我有一计，将美良川图子献与官里，道的不是反臣那甚么？交坏了蔚（尉）迟，哥哥便能勾官里做也。

"官里"是皇帝的俗称，"坏"就是"杀"。此白虽然没用句末的"有"字，但"不是……那甚么""根底"是汉儿言语的特色，且"官里做"（"做官里"）的颠倒语法，也不妨视为"汉儿言语"的反映。

当时的南方人对这种语言很陌生，但因为被派来的官员都是北方人，因此也有学习的必要。元代福建出版的日用类书（百科全书）《事林广记》（元至顺刊本）的《仪礼类》（前集卷十一）有《平交把盏》，其中有应酬时该用的说辞如下：

主人：哥每到这里，小弟没甚么小心，哥每根底拿盏淡酒。

---

① 徐沁君.新校元刊杂剧三十种（全二册）[M].北京：中华书局，1980.

客：哥，生受做甚的？

主人：小人别没小心，只拿一盏儿淡酒，那里敢先吃？

客：哥每酒是好是歹，哥识者。

　　百科全书为什么要收口头语言的说法？因为南方人不熟悉这种语言，为了跟北方来的官员打交道，必须要学习。泰定元年（1324）所刊类书式的书信范本集《启札青钱》收录的《把盏体例·官员用》（前集卷九），说明了当时官场的饮酒习惯，也是用的类似汉儿言语的口头语言：

　　官人根底多谢照拂来，小人没甚孝顺，敢告一杯淡酒。

　　前文已说明，中国北方语言长期受到阿尔泰语系语言的影响，蒙文硬译体和汉儿言语可算是其中最极端的例子。虽然明初以后消失了，但可能对以后的北方语言有所影响。

　　总而言之，中国也有变体汉文，变体汉文可以说是东亚汉字文化圈的普遍现象。

11. 文字的性别和阶级性——女书、谚文、假名

　　以上介绍的都是有关语法、文体的问题。要阐明汉字文化圈

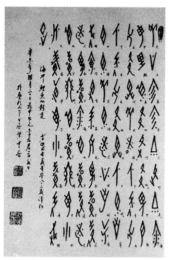

图 43　女书

的多样性，还要考虑文字使用和汉字读音的问题。下面各举一例，做简单的说明。首先是文字问题。

1992 年 3 月，笔者去广西桂林参加学术研讨会，在宾馆偶然看到一场"女书书法展览"。"女书"是什么？当时闻所未闻。看了展览以后，才知道原来是湖南江永的妇女们所用的类似汉字、却不是汉字的一种表音文字（图 43）。主要用处是书写妇女之间的书信和她们爱好的歌曲、说唱文学等。因男人看不懂，可以保密，宜于妇女们互诉衷情，咏唱抒怀。至于其来源、历史，至今众说纷纭，还弄不清楚①。这种中国的"女书"很自然地让笔者联想到朝鲜、日本的"女书"。

日本的假名是针对真名而言。真名指汉字，在平安时代是男人所用的文字。假名分片假名和平假名（62 页），片假名本来是作为训读的辅助文字，而平假名是妇女的文字，当时称为"女文字"。当时的人大概是接受了中国"女子无才便是德"的思想，

---

① 谢志民 . 江永"女书"之谜（上中下）[M]. 郑州：河南人民出版社，1991.

周硕沂 . 女书字典 [M]. 长沙：岳麓书社，2002.

认为女人不必读汉籍，不必学汉字，懂平假名就够了。平安时代出现了很多用平假名写的"物语"小说，如紫式部所著《源氏物语》，被称为世界上最早的长篇小说。而这些"物语"小说的作者和主要读者是宫中的妇女，紫式部也是宫中女官，这在文学史上被称为"女房（宫女）文学"。

朝鲜的训民正音，一般被称为谚文，除了翻译汉籍的"谚解"之外（96页），最大的用处是写信。谚文写的书信叫"谚简"，绝大多数是妇女写的，男人写谚简为的是给母亲、姊妹或女儿看。因为当时大部分的妇女都没有学过汉字，只懂谚文，情况跟日本的平假名一样。因此，谚文也可以说是女性文字。假名、谚文跟中国的江永女书的不同点是男人也看得懂，也会写。到朝鲜王朝后期，也出现了宫中妇女用谚文写的一系列文学作品，如《癸丑日记》（又名《西宫录》）、《仁显王后传》，都是无名宫女写的宫中秘事，还有国王正祖的生母惠庆宫洪氏所著《恨中录》等，堪称宫中女流文学，与日本的女房文学不谋而合。虽然时地不同，使用范围有广狭之别，中朝日三国都有女性文字，实在值得大书特书。而文字有男女之别，恐怕是世界上绝无仅有的现象，也可视为东亚汉字文化圈的特征之一。

东亚的文字不仅有男女之别，还有阶级、公私之别。汉字字体有篆书、隶书、行书、楷书、草书之别。其中草书本来是为了速写而设，是潦草的字体。因此，不宜用于正式文章或对长辈的书信。佛经注疏中屡次提到禁用草书，如慧远《大乘义章》云：

"草书惑人，伤失之甚。传者必真，慎勿草书。"（卷一）这大概是因为草书容易认错，也是对佛经的一种不敬。元代《居家必用事类全集·家书通式》云："凡修尊长书，须要好纸真楷写。"这也因为用草书写信算是对尊长的不礼貌。

因此，草书只能用于个人笔记或亲密的私信，如王羲之的家信都用草书。当然也有例外，武则天亲笔写的《昇仙太子碑》就是草书，草书的石碑本来很少，《昇仙太子碑》是首创。武则天也作了则天字，大概她对文字拥有与众不同的看法吧。可是唐宋以后，也许是王羲之的草书书信被捧为艺术作品的缘故，草书由潦草变为艺术。至明清两代已经很少有人用草书写信，公文更不用草书，草书几乎成为书法艺术专用的字体。

日本、朝鲜则异于是。日本的"候文"基本上都用草书，平假名则是草书的简化字，到了江户时代，由于"候文"的流通，书信、公文，汉籍以外的小说、散文等文学作品，无不用草书。草书成为通用的标准字体，一般人反而不认得楷体字，这在中国是难以想象的。

附带说明，现在的平假名是一个音对一个字，如"a"只对应"あ"（安）一个字。可这是明治三十三年（1900）政府统一字体以后的事。在那以前一个音可对应多个不同的字，如"a"除了"あ"以外，还有"阿""爱""恶"等多种写法（图44），可以随便用。这就叫"变体假名"，今人大多不易看懂。

朝鲜介于中国和日本之间，"吏吐文"的公文有楷书的，也

图 44　变体假名"阿""爱""恶"

有草书的（189页，图41），文人的书信也草楷互见。而谚简、谚文则几乎全用草书。很特别的是，朝鲜时代科举的答案也有指定用草书作答的（图45），这在中国是无法想象的。

　　日本的女房文学和朝鲜的宫中女流文学还有一个共通之处，就是文辞柔美，笔致细腻，尤擅于人物心理描写，缠绵委婉，曲尽无遗。因此，句子都很长，欲绝还续，犹如藕断丝连，且一般都是鸿篇巨制。这些特征很能展现日文、朝鲜文的本色，也算是梵文的特质，却与汉文的特色相左。汉文（文言文）最重视的是简练，惜字如金，冗长是大忌，善于议论、记事，不适于心理描写。

　　有趣的是，清代江南流行的弹词，也有同样的特色。作者主要是女流，也都是长篇。如其中之代表作，杭州女诗人陈端生的《再生缘》，洋洋60万字，以细致的笔调见长，婉转悱恻，极尽描绘之能事，虽然同是汉字写的，与文言文的风格相比，恰得其反。中国、朝鲜、日本虽时地有异，却有同样的女流文学，也可视为东亚文字有男女之别的反映。

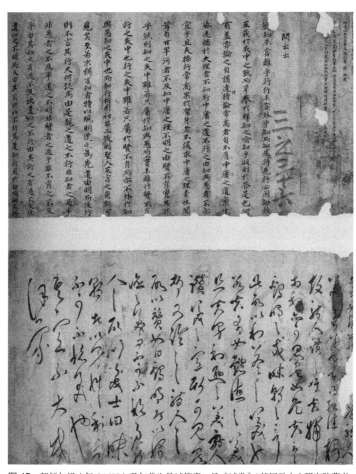

图45　朝鲜仁祖八年（1630）尹仁美生员试答案。见《试券》（韩国学中央研究院藏书阁，2015）。上面是楷书，下面是草书。

12."首尔"问题——汉字固有名词的读音

汉字在东亚，字是一样，读音各异，中国有各地方音，越南、朝鲜、日本有各自的汉字音，虽然来源相同，已经差之甚远，眼看可以看懂，耳听却无法听懂。只因历来一直如此，各国人其间有默契，都不以为意。可是现在出现了一个问题，固有名词应该怎么读？

中国不必论，越南、朝鲜半岛、日本绝大多数的人名、地名都是汉字的。现在越南和朝鲜已经不用汉字，可"Hanoi"是"河内"，"Pyeongyang"是"平壤"，仍然可以用汉字写。历史上，东亚圈内别国的人名、地名都可以用本国的字音来发音，如笔者名叫金文京，韩国、朝鲜都读"Kim Munkyong"；中国读"Jīn Wénjīng"；日本读"Kin Bunkyo"；越南读"Kim Vankinh"，随地而异，却可通行无阻，不成问题。

可是近年来韩国主张，既然是固有名词，就应该用本国的发音，Kim Munkyong 就是 Kim Munkyong，怎么会无故变成 Jīn Wénjīng、Kin Bunkyo？这是对个人尊严的损害。于是，把中国和日本的固有名词都改用中日的发音，用韩文字来写。如北京以前叫"북경"（Bukkyong），现在都叫"베이징"（Beijing）了。对此，日本也有很多赞同者，现在日本的报刊上，韩国的地名、人名都用韩国发音，用片假名来拼。不仅如此，有些人主张中国的固有名词也应该这样做。

此说乍听之下，似有道理，且合乎现代的思潮，但其实问题很多。第一，使用范围难定界限。韩国虽然用中国发音来称呼中国人名，却只限于近现代人物。至于古人如孔子、诸葛亮等，还是用韩国的发音，因为这些中国的古人跟韩国的文化传统有太密切的关系，已经叫习惯了，很难改。地名也一样，虽然中国所有的地名都改用中国发音，"中国"还是用韩国发音"중국"（Zhungguk），而不叫"중구어"（Zhongguo），这也是因为叫习惯了，没法改。而"日本"的日本发音有"Nihon""Nippon"两种，哪个对？谁也说不出来。那怎么办？第二，即使此说有道理，在中国也无法推行。因为有些发音用汉字很难标出，如"Kim"在普通话中，没有对应的字，只好用罗马拼音，否则就成为不正确的发音。总之，此说难以彻底实行。

且固有名词本来不一定只有一个发音，如英国首都London，邻国法国称之为Londres；又如法国首都Paris，法国发音是"巴黎"，英国发音是"巴黎斯"，可似乎没听闻彼此提出抗议，要求改用本国的发音或写法。为什么呢？因为彼此之间通过长年共处存在默契。历史上有长期密切交流关系的国家之间，由于使用同一种文字读法却不同等种种原因，固有名词的读法、写法都会发生差别，汉字文化圈也是如此。至于历史上没有交流关系，最近才发生关系的国家，只好尊重本国的发音，如Paris，中国人叫巴黎、日本是"パリ"（pari）、韩国是"파리"（pari），都用了法国发音，没有理由用英国的发音，因为东亚各国跟法国、英国开始

交流是近代以后的事。由此而看，韩国的主张等于要否定持续将近两千年的东亚汉字文化圈交流关系，也等于要回归汉字尚未传到近邻国家以前的状态。

最近韩国对中国提出要求，首都Seoul要用"首尔"这两个字，中国也接纳了，现在似乎都用"首尔"这个写法。"서울"（Seoul）本来是韩语首都的意思，不是汉字词，1945年以后才定为首都的正式名称。以前中国人管首尔叫汉城，日本人叫京城（Keijo），京城是日本殖民时期的名称，汉城是朝贡时代之名。因此，韩国向中日两国提出要求，请不要再用。日本马上接受，改称"ソウル"（Souru），中国则一直没有回应。韩国忍不住，就主动选了这两个字，推销到中国。

汉字文化圈的固有名词，本来是圈内基本用汉字写，读音各异；圈外则本着当地发音，用各自的文字写，是约定俗成的习惯。而"首尔"的韩国发音是Suyi，日本发音是Shuji，越南发音是Thư Nhĩ，都和Seoul差得远。因此，"首尔"只能在中国用，却由韩国来定，可韩国也不用。这在汉字文化圈是创举，意味着韩国将要脱离汉字文化圈。

对韩国近年这些主张，中国人好像不太关心，日本则很多人赞同，尤其是拥有进步思想的知识分子都觉得有道理，这就是当前汉字文化圈所面临的问题之一了。

13．汉字、汉文和东亚的未来

正规汉文和变体汉文，是基于中国正统文化价值观来判定的。合乎此，是正规汉文，否则就是变体汉文。但是，如果离开了中国正统文化价值观，那就只能说东亚有很多不同种类的汉字文体，加上非汉字的本国文字、本国文字和汉字的混用文体，种类就更多了。其间既有时地之异，也有层次、使用阶级的差别，甚至还有男女之别，错综复杂，其背后隐伏着不同的语言观、价值观、国家观以及世界观。

正规汉文曾是东亚共通的书面语言，地域之间的差别不大，仅以正规汉文的角度观察，东亚世界可谓大同小异、殊途同归。可这是很狭窄的世界，因为能懂会写正规汉文的只是上层阶级的一小部分而已。如果从包含变体汉文的各种文体的角度来看，东亚就是非常复杂、多样的世界，难以同归了。

当今东亚各国都面临很多问题，互相之间也矛盾重重。有人主张应该要建立东亚共同体，类似于欧盟，认为汉字文化圈这一概念是建立东亚共同体的重要基础。可目前欧盟也面临很多困难，要建立东亚共同体恐怕比欧盟更难。也有人认为汉字文化圈本来矛盾很多，何况快要瓦解了，让它自生自灭，也没有关系，过去的就过去了。现在是全球化的时代，距离远近不成问题，东亚诸国各为一国，与稍远地域的国家无甚差别，要沟通用世界共通语英语就好。

图书在版编目（CIP）数据

汉文与东亚世界 /（韩）金文京著 . —— 上海：上海
三联书店 ,2022.10
　ISBN 978-7-5426-7732-7

Ⅰ . ①汉… Ⅱ . ①金… Ⅲ . ①中文 – 研究 – 东亚
Ⅳ . ① H12

中国版本图书馆 CIP 数据核字 (2022) 第 116602 号

KANBUN TO HIGASHI AJIA: KUNDOKU NO BUNKAKEN
by Kin Bunkyo
© 2010 by Kin Bunkyo
First published 2010 by Iwanami Shoten, Publishers, Tokyo.
This simplified Chinese edition published 2022
by ThinKingdom Media Group, Limited, Beijing
by arrangement with the proprietor c/o Iwanami Shoten, Publishers, Tokyo
All rights reserved.

上海市版权局著作权合同登记　图字：01-2019-1865 号

汉文与东亚世界

[韩] 金文京　著

责任编辑 / 宋寅悦
特约编辑 / 刘　早　孙　腾　林俐姮
责任校对 / 王凌霄
监　　制 / 姚　军
装帧设计 / 周伟伟

出版发行 / 上海三联书店
　　　　　（200030）上海市漕溪北路 331 号 A 座 6 楼
电　　话 / 021-22895540
印　　刷 / 山东韵杰文化科技有限公司

版　　次 / 2022 年 10 月第 1 版
印　　次 / 2022 年 10 月第 1 次印刷
开　　本 / 787mm×1092mm　1/32
字　　数 / 123 千字
印　　张 / 7
书　　号 / ISBN 978-7-5426-7732-7/H・114
定　　价 / 49.00 元

如有印装质量问题，请发邮件至 zhiliang@readinglife.com

我们应该要走哪一条路？没有答案。因为走哪一条路，都前途难卜。确实，此间的我们就站在歧路上，但正是因为前途难卜，才应该回首看看走过来的路，要从不同角度好好地检点，加以反思，以便选择可走的路。汉字和汉文的问题，无疑是其中的重要因素。